트럼프 2.0

트럼프의 귀환, 놓쳐서는 안 될
정책 변화와 산업 트렌드

글로벌 경제 전환과 시장의 대변혁에 대비하라

트럼프 2.0

트럼프의 귀환, 놓쳐서는 안 될 정책 변화와 산업 트렌드

TRUMP 2.0

지은이 김광석 박세익 박정호 오태민

차례

3부

트럼프 2.0 시대의 지정학과 비트코인

4부

트럼프 2.0 시대의 산업 전망과 주식시장

TRUMP 2.0

서문

주사위는 던져졌고, 세상도 소용돌이에 던져졌다. 그 소용돌이는 트럼프 2.0이라고 불린다. 휩쓸려갈 것인지 파도에 올라탈 것인지는 트럼프 2.0 시대에 얼마나 준비되어 있느냐에 달려있다. 뿌리가 깊다면 휩쓸려가지 않을 것이고, 뿌리가 얕다면 휩쓸려갈 것이다. 준비된 정부, 준비된 기업, 준비된 가계가 되어야 한다.

오바마 대통령 전과 후는 달랐다. 트럼프 대통령 전과 후는 달랐다. 바이든 대통령 전과 후는 또 달랐다. 트럼프 2.0 전과 후는 또 달라질 것이다. 아니 대변혁이 시작될 것이다.

세계 경제는 이미 '저성장 고착화' 국면에 진입해 있고, 지정학적 긴장감이 고조되어 있으며, 보호무역주의가 증폭되는 상황이다. 트럼프 2.0 시대의 개막은 또 다른 거대한 불확실성이라는

'끝판왕'의 등장을 시사하는 듯 위압감마저 감돈다.

알고 있는 불확실성은 더 이상 불확실성이 아니다. 트럼프 2.0 시대, 공화당 정책공약과 그동안의 트럼프 행보 등을 통해 거시경제, 통상환경, 산업정책, 외교·안보, 국제정치, 지정학 등에 걸쳐 어떠한 변화가 전개될 것인지를 면밀히 들여다볼 필요가 있다. 나아가, 주식시장과 비트코인에 어떠한 기회와 위협이 있을지를 살펴보는 것도 뒤로 미룰 수 없다.

이 책은 각 분야 전문가 네 명의 인사이트로 구성되었다. 먼저, 김광석 교수가 트럼프 2.0 시대 통상환경과 거시경제 환경 관점에서 어떠한 변화가 전개될 것인지 집중 조명했다. 박정호 교수는 바이든 행정부와 달리 트럼프 신정부가 어떠한 정책들을 펼쳐나갈 것인지 시나리오를 제시했다. 오태민 교수는 트럼프의 등장으로 나타날 지정학적 지형 변화와 외교 및 국제정치적 현안들을 분석했으며, 비트코인 생태계에 어떠한 변화가 일어날지 고민을 담았다. 박세익 대표는 자본시장에 나타날 현상들을 포착했으며, 투자자들을 위한 세심한 조언을 아끼지 않았다.

이 책은 전문가 인사이트로 멈추지 않았다. 네 명의 토론을 글로 읽어나가는 것은 이 책의 백미다. 예를 들어, 트럼프식 관세전쟁이 가져올 거시경제적 영향을 김광석 교수가 설명할 때, 박정호 교수는 관세 이외의 무역정책과 비교해 그 충격을 진단한다. 한편, 오태민 교수는 지정학적 해석을 통해 군사적 충돌로도 이어질지에 대한 판단을 제시하며, 박세익 대표는 미중 패권전쟁

중 어떤 산업에 부정적·긍정적 영향을 줄지에 대한 분석 의견을 제공한다. 때론 공감의 토론으로, 때론 반론의 토론으로 하나의 현상을 다차원적으로 해석한다.

준비하지 않는 것은 실패를 준비하는 것과 같다. 트럼프 2.0 시대는 대변혁 그 자체다. 거대한 변화가 몰려온다. 미중 무역전쟁, 통화정책의 기조, 자산시장의 운명, 에너지 정책, 비트코인의 제도권 진입, 달러의 위상, 지정학적 변화, 전쟁의 종식 및 부의 흐름에 이르기까지 트럼프 2.0 시대에 어떠한 변화가 전개될 것인지를 면밀히 살펴보고 '준비된 나'를 만드는 데 이 책이 도움이 되길 바란다.

- 김광석 박세익 박정호 오태민

TRUMP 2.0

★★★★★

1부

트럼프 2.0 시대의 세계경제

김광석(한양대 교수)

TRUMP 2.0

1장

세계경제의 거시적 흐름, 저성장 고착화

먼저 거시경제 관점에서 어떤 변화가 있을지 발제를 해보도록 하겠습니다. 해리스노믹스일 것이냐 트럼프 2.0일 것이냐?

그래서 각각의 시나리오를 한번 그려보고 어떻게 대응할지를 생각해보면 좋겠죠. 일단 해리스가 등장한 배경부터 가볍게 짚어보도록 하겠습니다.

잘 아시다시피 총격 사건이 있었죠. 그때 트럼프가 당선될 것이라고 거의 확정을 짓듯이 기사화됐고 많은 분들이 거기에 공감을 했습니다.

그런데 민주당에서 바이든이 후보로서 적절치 않겠구나, 선거가 안 되겠다 해서 바이든이 가고 해리스가 새로운 후보로 등장했습니다.

출처: 연합뉴스

과연 해리스가 될까 하는 의문이 많이 제기되었어요. 그런데 최근에는 해리스가 당선될 가능성이 높겠구나, 해리스가 대통령이 되겠구나 하는 여론이 펼쳐지고 있습니다. 실제로 해리스 등

해리스와 트럼프의 호감도

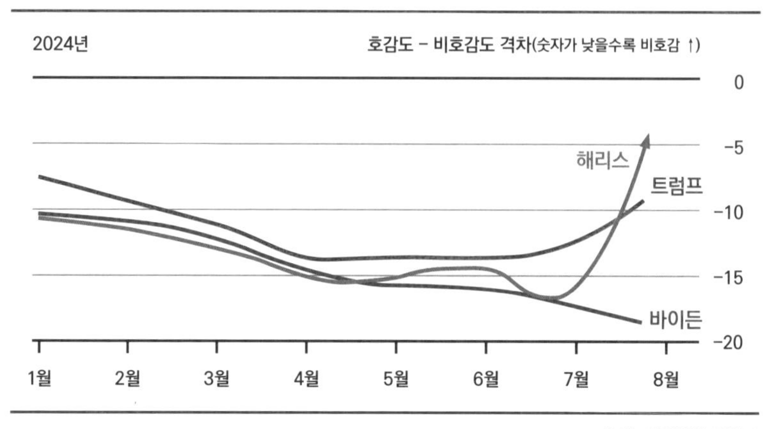

출처: 파이낸셜 타임즈

장과 함께 트럼프에 대한 호감도를 넘어선 수준으로 호감도가 급상승했죠.

그러면서 해리스와 트럼프의 지지율이 거의 엇비슷한 수준이에요. 해리스가 될지 트럼프가 될지 아무도 모르는, 불확실성이 커진 상황이었습니다.

지금부터 세계경제는 어떤 흐름인지를 한번 살펴보고 그 흐름 속에 누가 당선이 되는지에 따라서 어떤 거시경제적인 변화가 펼쳐질지를 들여다보도록 하겠습니다.

해리스와 트럼프에 대한 지지율 현황

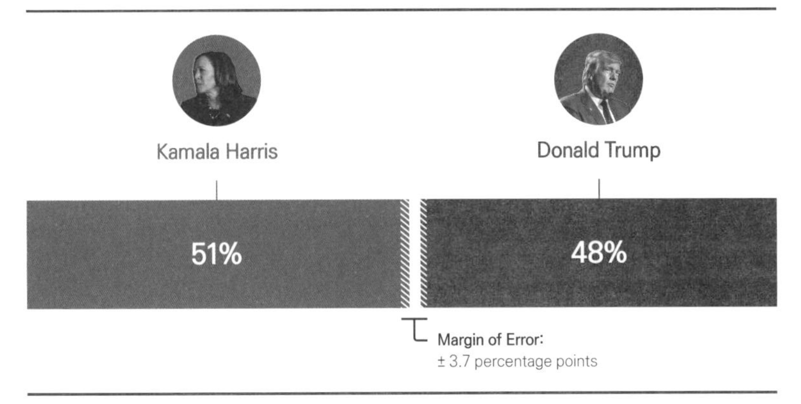

출처: PBS 뉴스

먼저, 실물경제의 흐름을 말씀드리겠습니다. 나중에 박세익 대표님께서 주식 부문에 대해서도 말씀하실 거고, 오태민 교수님께서 코인 부문에 대해서도 말씀해 주시겠지만 저는 실물경제적으로 어떤 변화가 있을지를 강조해서 설명드리겠습니다.

일단 2020년부터 2024년까지 굉장히 우당탕탕한 일들을 경험했습니다. 짧은 5년 동안 팬데믹 경제위기를 겪었고, 유례없는 유동성 장세가 펼쳐졌고, 그리고 초인플레이션이 등장하는 시점에 러시아-우크라이나 전쟁이 일어났고 중동 전쟁이 발발했습니다. 초긴축적 통화정책까지 도입해가면서 인플레이션을 방어하기 위한 노력도 했고요.

2022년을 기점으로 이런 우당탕탕한 일들이 있기 전과 후를 구분했을 때 다시는 예전 상태로 돌아가기 어려운, 이제 세계는 저성장이 고착화되는 국면으로 나아갑니다.

이것을 다시 한번 강조하자면 2019년까지의 세계경제 평균 성장률이 3.7%입니다. 그런데 이런 일들이 겪어진 이후로는 L자형 저성장 고착화가 전개되는 것으로 판단할 수 있겠죠.

IMF의 2024~2025년 세계경제 전망

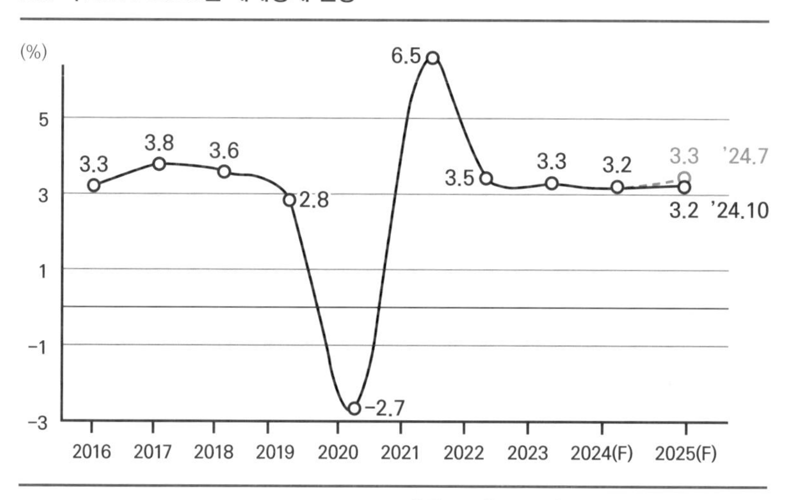

출처: IMF(2024.10) World Economic Outlook

그런데 제가 미리 말씀을 드리자면, 이 팬데믹이 있은 이후에 나타나는 지대한 특징 하나가 실물경제와 자산시장 간의 엄청난 괴리입니다. 이것은 2020년에 등장했던 굉장히 중요한 키워드인데요, 비트윈 월스트릿 앤 메인스트릿between Wall Street & Main Steet, 월스트릿은 일반적으로 여의도, 자본시장을 생각하면 되고 메인스트릿은 골목상권이나 실물경제를 나타내죠. 실물경제는 안 좋은데 자본시장은 날아가기도 하고 또 반대로 실물경제는 좋아지는 듯하는데 자본시장은 오히려 꺾이기도 하죠.

그래서 실물경제와 자본시장 혹은 자산시장 간의 관계를 규명하는 데 노력해주시면 좋겠고, 이런 격차가 있기 때문에 실물경제적 흐름도 한번 살펴보실 필요가 있겠다고 의견을 먼저 드리겠습니다.

실제 역사적으로 1980년대 이래 경제위기를 4번 경험했습니다. 아래 표에서 빨간 동그라미를 친, 이게 경제위기예요.

세계 경제성장률 장기 추이 및 전망

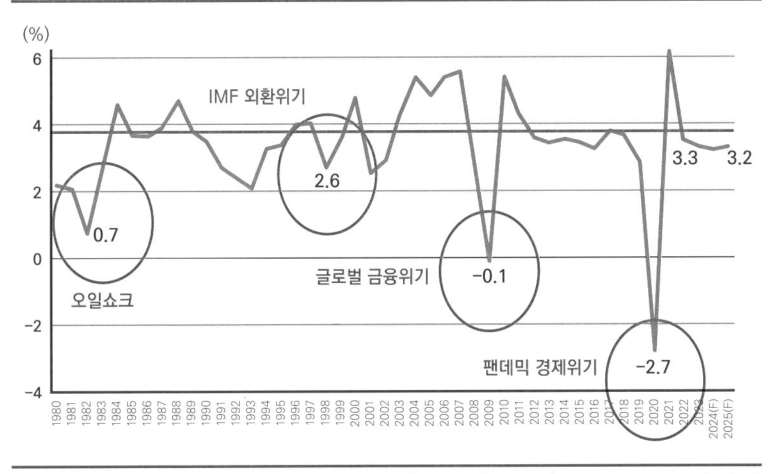

출처: IMF(2024.10) World Economic Outlook

그런데 2023, 2024년은 경제위기가 아닙니다. 금융위기가 아닙니다.

저성장 고착화, 이른바 잠재성장률을 밑도는 경기침체 구간이에요. 경기침체는 구조적으로 경제활동이 급격히 수축되는 이런 경제위기와는 전혀 다른 양상이라고 말씀드립니다. 그런 경제위기도 겪고 그리고 초인플레와 초긴축을 겪었는데 이제는 좀 다른 양상으로 흘러간다고 의견을 드리겠습니다.

미국 경제성장률 추이 및 전망

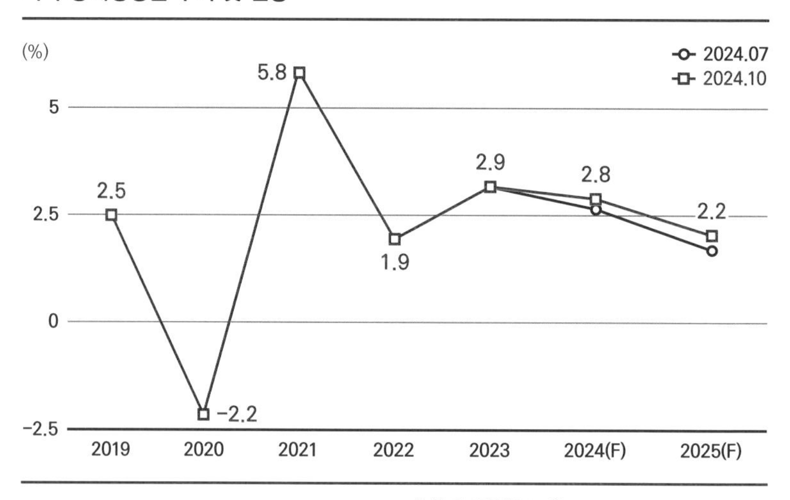

출처: IMF(2024.10) World Economic Outlook

미국경제 역시 팬데믹 경제위기를 겪었고 이후 나름의 고성장을 유지하다가 2025년 성장률이 다소 둔화될 것입니다. 미국의 잠재성장률이 2%라고 한다면 그걸 소폭 밑돌기 때문에 마일드한 경기침체, 경기침체가 아니라는 게 아니라 매우 마일드한 수준의, 경기침체 맞아? 하는 의문이 제기될 만큼의 그런 수준의 경기침체가 올 것으로 판단하고요. 경제위기는 아니고 또 하드랜딩(경제의 급격한 추락)과 같은 0%대 성장을 하는 그런 흐름은 또 아니라고 의견을 먼저 드리겠습니다.

IMF의 중국 경제성장률 전망치 조정

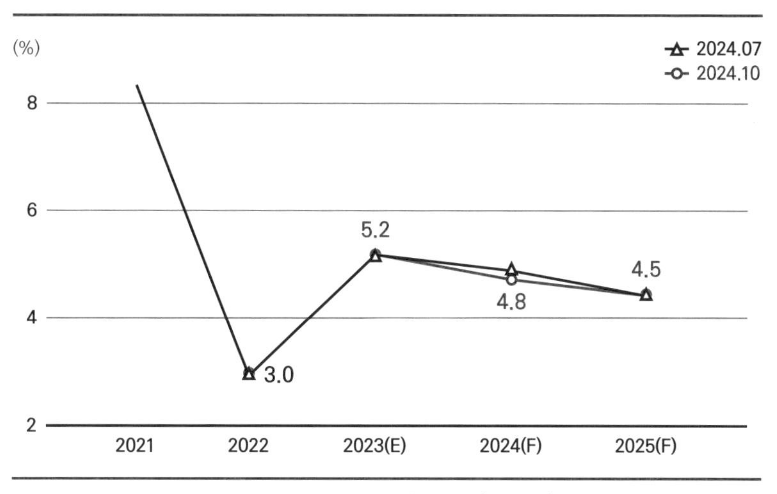

출처: IMF(2024.10) World Economic Outlook

유독 중국경제를 고려할 때 안 좋은 부분을 많이 얘기해요. 예를 들면 부동산 경기침체, 부채 위기, 유동성 함정과 같은 것들이죠. 이런 것들을 다 뭐라고 해요? 구경제라고 해요.

구경제만 보면 안 좋은 것 같죠. 그런데 신경제만 보면 이렇게 좋을 수가 없습니다. 신재생에너지, 태양광, 풍력, 전기차, 배터리, 인공지능, 로봇 등 여러 신경제 영역에서 중국만큼 세계로 뻗어나가는 게 없어요.

그러니까 그 모든 것을 같이 봤을 때 중국경제가 이렇게 막 우당탕탕 없어진다가 아니라 점점 성장 부분이 전환된다, 구경제에서 신경제로 교체된다, 이런 그림을 그리시면 좋겠습니다.

기조가 비슷해요. 세계경제, 미국경제, 중국경제 모두 저성장 고착화되는 국면이에요.

2장

트럼프의 통상정책, 관세전쟁

그렇기 때문에 누가 당선되느냐에 따라 달라질 통상정책 기조의 변화가 이런 세계경제의 흐름을 어떻게 바꿔놓을 것인지를 들여다볼 필요가 있습니다.

통상정책 기조를 보겠습니다. 미국의 역사적 대외거래를 볼 때는 먼저 관세 흐름을 보셔야 돼요. 그런데 표에서 보듯이, 1980년대부터 미국이 적용했던 관세율이 이렇게 낮았습니다. 역사적으로 50%, 60%까지의 높은 관세율을 도입하다가 2017년까지 모든 수입품목에 대해 1%까지 관세율을 낮췄습니다. 이것이 이른바 세계화, 자유무역의 시대를 강조했던 흐름이라고 볼 수 있겠어요. 이렇게 관세를 낮춰가면서 미국의 통상정책이 운영된 것처럼 자유무역주의가 팽배했던 시절입니다.

미국의 역사적 대외거래

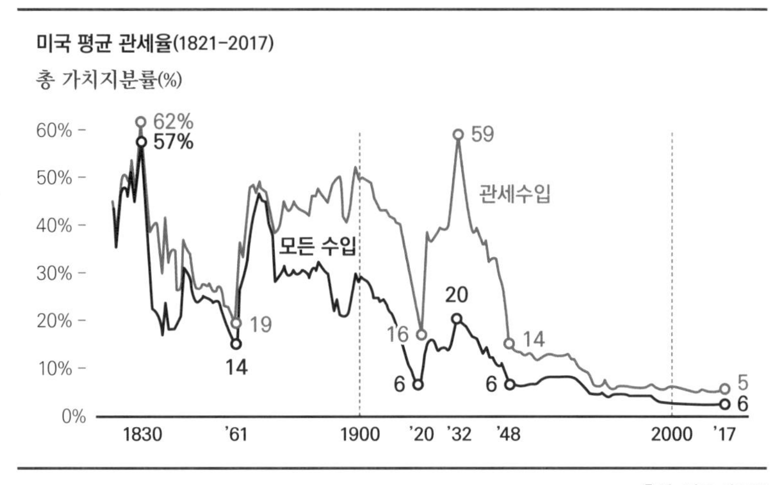

출처: 미국 상무부

그런데 2017년에 누가 등장합니까? 트럼프가 등장하죠. 이때부터 트럼프식 무역전쟁이 펼쳐집니다. '미국과 중국의 관세율 현황'을 보면 2018년, 2019년, 2020년 관세율이 높아지죠? 미국이 이렇게 관세율을 높이니까 중국도 높여요. 또 중국이 높이니까 미국도 높여요. 그래서 미국과 중국 간의 관세전쟁이 펼쳐졌던 겁니다. 트럼프식 무역전쟁은 관세전쟁이라고 규명을 해볼 수 있을 것 같아요.

그렇게 된 배경을 보면, 트럼프는 왜 우리는 만성 적자국이어야 되느냐 우리도 수출해야 된다, 그래서 무역흑자로 만들어야 된다고 늘 얘기해 왔습니다. 무역흑자로 만들기 위해서는 가장 많은 무역적자를 야기하는 대상국이 중국이니까 중국으로부터 무역적자를 해소하고자 하는 움직임으로 미중 패권전쟁을 관세 전쟁의 형태로 끌어왔던 거죠.

미국과 중국의 관세율 현황

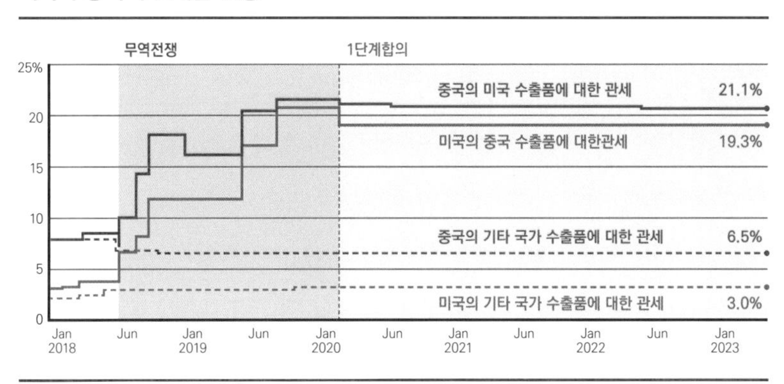

출처: 피터슨경제연구소

미국의 무역수지 추이

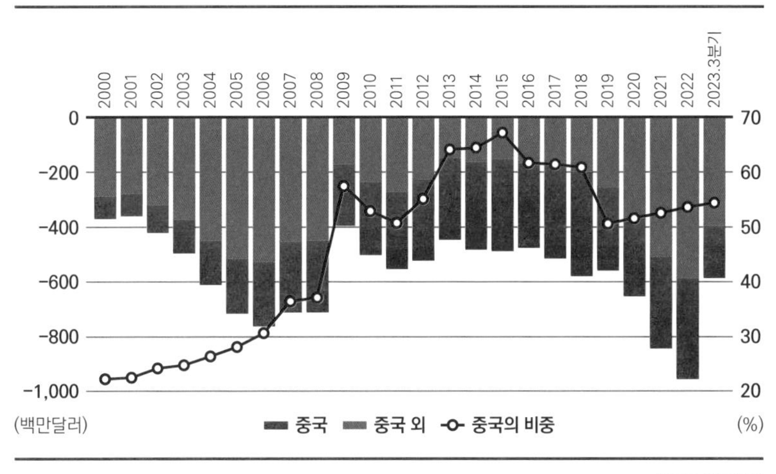

출처: 무역협회

실제로 2017~2020년을 거치면서 대중국 무역적자 비중이 줄어듭니다. 이것이 트럼프식 무역전쟁인 거예요.

그래서 트럼프 행정부의 등장이 있다, 트럼프 2.0이 있다라고 한다면 무역전쟁을 관세전쟁의 형태로 더 끌어갈 것이라고 추정해볼 수 있겠죠.

그러면 바이든 행정부는 어떻게 했을까요?

바이든의 무역전쟁 형태 및 방법과 해리스의 무역전쟁 방법론은 매우 유사하다고 가정할 필요가 있습니다. 그런 관점에서 관세율을 보시면, 바이든이 등장한 2020년 이래 상대적으로 미국의 관세율은 하향 안정화를 했습니다.

미국 평균 관세율

출처: US Department of Economics

물론 미국의 중국에 대한 비호의적 감정이 너무나 높기 때문에 미중 패권전쟁을 완전히 멈춘 건 아니에요. 그러나 트럼프만큼의 관세전쟁을 펼치는 건 아니라고 해석해볼 수 있죠. 그러면 바이든식 무역전쟁은 무엇일까요?

IRA(인플레이션 감축법)가 가장 대표적인 거예요. 관세가 아닌 그 밖에 다른 방식으로 미중 패권전쟁을 펼쳐 온 것이라고 볼 수 있습니다. 그리고 해리스는 이 인플레이션 감축법을 마련한 거의 유일한 인물로, 인플레이션 감축법을 고안해낸 사람이라고 생각하셔도 좋아요.

바이든 행정부 때 부통령이 해리스였어요. 마치 경제부총리처럼 여러 경제정책에 대한 고민을 했던 인물이기 때문에 해리스가

IRA법, 칩4동맹과 바이든 대통령

조 바이든 미국 대통령
사진© Flickr : Gage Skidmore

집권하면 관세전쟁보다는 이런 인플레이션 감축법을 더 고도화하거나 미세 조정하는 방식으로 대응해나갈 것이라고 생각해볼 수 있습니다.

3장

디플레이션에 빠진 중국

그러면 미 대선 이후의 무역전쟁은 어떻게 될까요? 앞서 말씀드렸던 것처럼 미국 국민의 대중국 정서가 굉장히 중요합니다. 미국 국민의 대중국 정서는 상당히 비판적이에요. 한마디로 안 좋아합니다.

트럼프도 정치인이고 해리스도 정치인이에요. 그러면 미국 유권자들의 대중국 정서를 반영한 정책들을 공약으로 펼쳐야 될까요 아닐까요? 공약으로 펼쳐야 되겠죠. 미국 국민들이 중국을 너무나 싫어하니까 당연히 내가 당선이 되어야 중국을 압박할 수 있다고 서로 말하고 있습니다.

그런데 트럼프는 관세를 끌어올려서 중국을 압박하겠다는 관점이고, 해리스는 관세 이외의 정책을 펼쳐야 한다는 관점입니

미국 국민의 대중국 정서

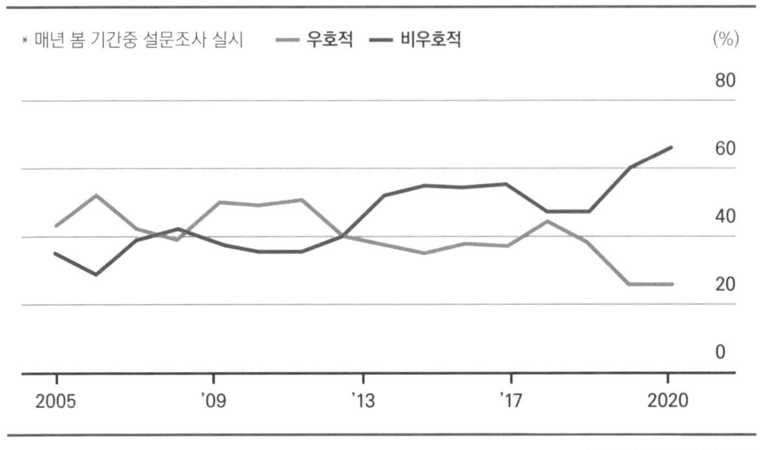

출처: PEW 리서치센터

다. 왜냐하면 관세율을 높였다가 미국경제에 더 큰 영향을 미칠 수 있다는 것을 강조한 입장입니다. 그 부분은 이후에 설명드리겠습니다.

미국 대선 이후에 무역전쟁을 고민할 때 다른 나라들의 중국에 대한 인식도 중요합니다. 다른 여러 나라의 국민들이 중국에 대해 어떤 인식을 갖고 있는가에 따라 그 나라 정치권이 중국에 대한 미국의 강경 대응에 동참할 것인지 여부를 판단할 수 있기 때문이죠.

그런데 미국만이 아니라 세계적으로 정말 많은 나라들이 중국에 대해 비우호적 감정을 갖고 있습니다. 그렇기 때문에 세계 각국의 정치인들은 또 정책 입안자들은 중국에 대해 좀 강경한 태도입니다. 때문에 중국과 어떻게 대결할 것인지에 대한 고민을

주요국들의 중국에 대한 인식

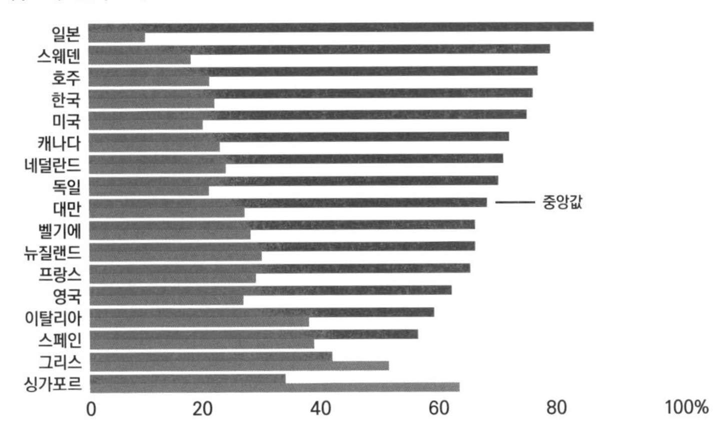

출처: PEW Research Center

조금 더 해나갈 것이라고 볼 수 있겠죠.

그래서 해리스식 무역전쟁은 동맹국들과 함께 중국에 좀 더 경제 제재를 가하자, 마치 러시아에 경제 제재를 가했듯이 중국과 중국 우방국에 경제 제재를 가하고 우방국들이 같이 참여해달라는 형태로 무역전쟁을 펼쳐나갈 가능성이 높다는 의견을 드립니다.

미국 대선 이후 무역전쟁은 중국경제에 어떤 영향을 미칠까요? 중국경제는 현재 디플레이션 우려에 빠졌습니다. IMF는 중국경제를 진단할 때 디플레이션 취약성vulnerabilities이라는 표현까지 썼어요. 디플레이션 취약성에 빠졌다는 이야기는 생산자물가지수PPI 가 2022년 중반 이래 계속 마이너스라는 말이에요.

소비자물가지수CPI는 계속 마이너스를 찍지만 0%대를 유지하고 있어요. 그런데 우리나라의 물가상승률 목표치가 2%거든요. 미국도 2%입니다. 그런데 중국은 3.5%예요.

목표 물가가 높은 것을 가정해보면 중국은 이미 디플레이션에 빠졌다고 볼 수 있어요. 그 디플레이션을 극복하려고 대대적으로 유동성을 공급했죠. 그런데도 디플레이션에서 빠져나오지 못하고 있어요. 이걸 유동성 함정이라고 표현할 수 있습니다. 그럼 유동성 함정에 빠진 배경이 무엇일까요? 여러 가지가 있어요.

그중 하나를 무역전쟁이라는 통상정책 관점에서 해석해본다면, 세계적으로 중국에 대한 해외직접투자가 줄어들고 있다는 것입니다. 분명하게 나타나요. 2000년대부터 2016년까지는 인워드Inward, 중국으로 해외직접투자가 더 많이 유입됐습니다.

중국의 외국인직접투자

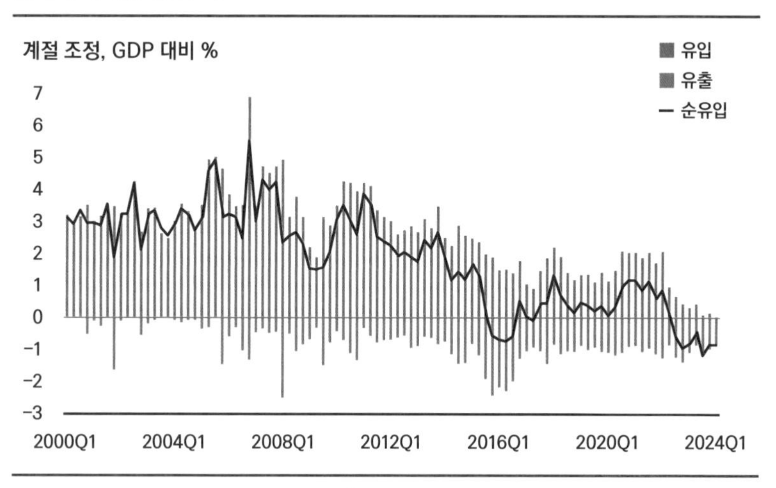

출처: IMF(2024년 8월) 중국 : IMF Country Report No. 24/276

쉽게 말하면 중국에 공장을 짓는 거예요. 그런데 2016년 이후에는 오히려 중국이 다른 나라에 해외직접투자를 하는 것이 더 많아지는 국면으로 전환이 됐잖아요. 그러니까 중국에 공장을 안 짓고 다른 나라에 공장을 짓고, 오히려 중국 기업마저 다른 나라에 공장을 짓는 방식으로 움직이는 거예요. 그래서 지금은 인워드보다 아웃워드가 더 많아요. 그러니까 해외직접투자 순유출액이 발생하고 있는 거예요.

그러다 보니 당연히 공장 가동이 생각보다 줄어들고, 일자리가 줄어들고, 수요가 줄어들고, 불확실하니까 저축률을 늘려요. 굉장히 특이한 현상이에요. 금리를 떨어뜨리는데도 저축률이 늘어요.

그것은 불확실성 때문입니다. 중국 인민 대부분이 중국경제가 불안하다고 생각하면 지금 현재 소비를 늘릴까요? 아니겠죠. 저축을 늘려요. 더군다나 이런 것을 타개하기 위해서 재정정책 관점에서도 이럴 때 특효약으로 쓸 수 있는 이구환신以旧换新이라는 제도를 도입해요.

이구환신 제도는 자동차, 가전, 가구와 같은 내구 소비재를 사면 보조금을 주는 겁니다. 그런데 지금 중국경제는 이런 것을 써도 약효가 듣지 않아요. 그만큼 중국경제가 우하향하고 있는 흐름은 명확합니다. 실제로 FDI(외국인직접투자) 유입액이 어디로 집중되는지를 확인해보면, GDP 대비 해외직접투자 유입액을 가지고 보면 중국이 인도나 필리핀, 인도네시아, 타일랜드, 말레이

아시아 국가들에 대한 외국인직접투자 유입

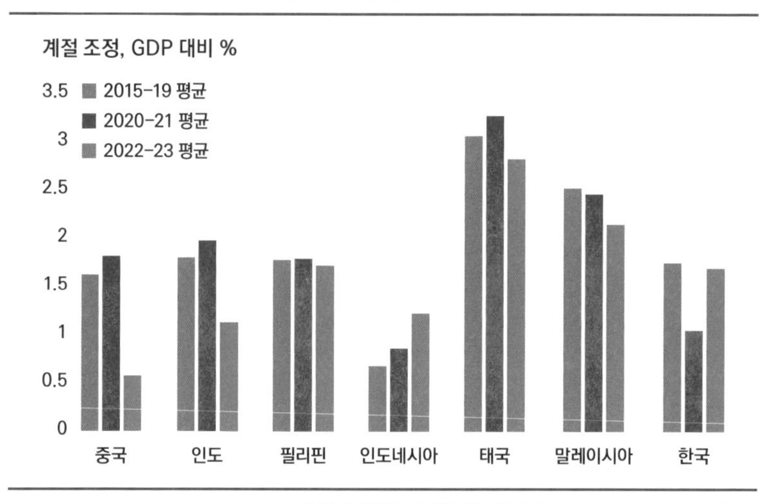

출처: IMF(2024.8) 중국 : IMF Country Report No. 24/276

시아, 한국과 비교했을 때 가장 낮아요. 오히려 한국이 더 높습니다. 그리고 추세적으로도 급격히 떨어지는 모습을 위의 표에서 확인할 수 있습니다.

그러므로 누가 당선이 되느냐에 상관없이 무역전쟁이 격화될 여지가 있습니다. 그리고 무역전쟁이 격화되는 과정에서 상대적으로 트럼프식 관세전쟁 형태일 것이냐, 바이든식 혹은 해리스식 IRA(인플레이션 감축법)와 같은 그런 경제 제재의 형식으로 갈 것인가가 선거로 결정됩니다.

지금까지의 논의가 무역전쟁이 앞으로 어떤 방식으로 치달을 것인지, 그리고 중국경제에 어떤 모습을 그릴 것인지를 가늠하는 데 도움이 될 거라고 생각됩니다.

중국의 외국인직접투자 유입과 기여 요소

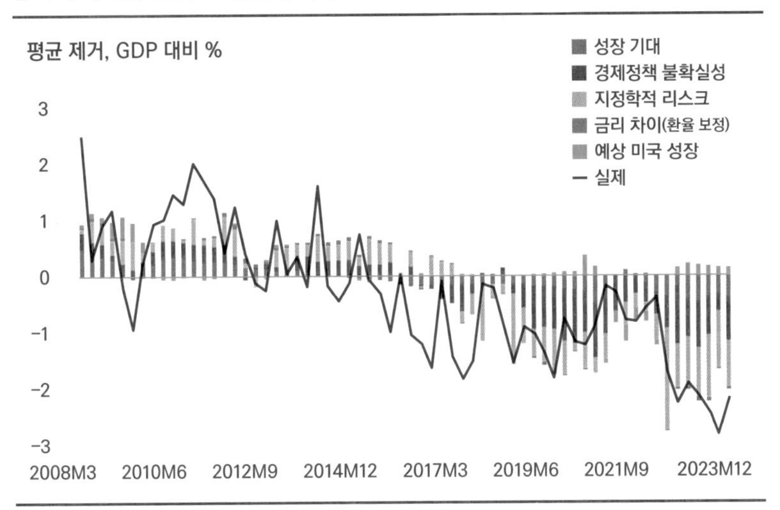

출처: IMF(2024.8) 중국 : IMF Country Report No. 24/276

실제로 앞에 말씀드렸던 것처럼 중국에 대한 해외직접투자 유입액이 줄어드는 현상은 무엇일까요?

여러 가지 기여도를 가지고 보면 해외직접투자 유입액이 순유출로 바뀌어 있는 상태잖아요. 그런데 그 레고 블록을 쌓듯이 기여도를 구분해보았을 때 첫째로, 중국경제에 대한 그로스 익스펙테이션Growth expectations(성장 기대)을 보면 향후에도 중국경제는 고성장하기 어렵다는 것입니다.

둘째로, 향후 중국의 경제정책 기조가 또 어떻게 바뀔지 불확실한, 즉 불확실성입니다. 어떻게 불확실한 나라에 공장을 짓겠습니까?

셋째로, 지정학적 리스크가 있기 때문에 중국에 공장을 못

짓는다. 이게 기여도가 가장 큰 편이지 않습니까?

그 밖의 여러 가지 요인들이 맞물릴 텐데 미 대선 이후 무역전쟁의 행보에 따라서 중국으로 향하는 해외직접투자 유입액이 얼마나 줄어들 건지, 또 그것이 결국 중국경제의 디플레이션을 더욱 고착화시킬 것인지가 크게 영향을 받을 것으로 생각됩니다.

디플레이션 현상은 비유하자면 일본이랑 비슷해요. 일본의 잃어버린 30년 현상을 디플레이션으로 정의할 수 있거든요. 사실 30년 전 일본의 평균 임금이 지금하고 같아요. 평균 임금이 같다는 것은 그래도 가난해지지 않았다고 생각하는 게 아니라 가난해진 거예요. 왜냐하면 세계적으로 평균 임금이 올라가고 있는데 일본만 그 자리에 있으면 일본인들이 다른 나라에 가서 마음놓고 소비지출을 못하겠죠. 상대적 가난인 거예요.

잃어버린 30년은 이처럼 무서운 현상입니다. 더군다나 디플레이션은 약도 없다라는 표현을 써요. 왜냐하면 유동성을 더 추가 공급하고 어떠한 재정정책을 퍼부어도 복구가 안 되기 때문이에요.

또한 잃어버린 30년에 대해 디플레이셔너리 스파이럴deflationary spiral(진행형 디플레이션)이라는 표현을 씁니다. 디플레이션 소용돌이죠. 한 번 빠지면 헤어 나오기 어렵다는 것을 의미하죠. 이것이 세계경제를 더욱 저성장 고착화시키는 그런 요인이 될 수 있지 않을까 생각합니다.

4장

트럼프의 통화정책, 금리인하와 약달러

거시경제적 측면에서 미 대선 결과가 어떤 영향을 미칠까에 대해 들여다보는데 정말 빼놓을 수 없는 한가지 항목이 통화정책 기조의 변화가 어떨까 하는 것입니다. 이것은 주식시장에도 코인시장에도 극명한 영향을 미칩니다. 심지어 부동산시장에도 영향을 미칩니다. 결국 누가 당선이 되는지에 따라 통화정책 기조가 어떻게 바뀔지 그림을 그려보아야 됩니다. 트럼프 1기 때의 행보를 보면 앞으로의 행보도 예상할 수 있습니다.

당시 파월 연준 의장의 금리를 동결한다, 금리를 인상한다라는 발표를 들여다보면서 트럼프는 오른손에 무엇을 들고 있었습니까? 스마트폰을 들고 있었어요. 무엇을 했습니까? 트위터를 했죠. 그리고 지금 당장 금리를 인하해야 한다고 했죠. 지금 왜 금리를 동결해, 왜 금리를 인상해, 금리를 더 인하해야 된다, 금리 인하로 가야 된다고 했습니다. 생각해보면 트럼프의 행보는 모든 것이 일치합니다. 금리를 인하해야 약 달러가 되는 거죠. 약 달러가 되어야 미국이 수출하기 유리해집니다. 그래야 중국에 있는 공장을 폐쇄하고 미국에 공장을 짓게 되는 거죠. 미국에 공장을 지어야 일자리가 많이 생겨나요. 트럼프는 그래야 미국이 더 위대하게 갈 수 있다고 전망하는 거예요.

미국에 공장을 짓기 위해서 기후에 대한 규제가 강화되면 됩니까? 안 되죠. 기후 규제를 없애야 됩니다. 그리고 석유화학 산업을 일으키기 위해서라도 기후 규제는 없애야죠. 기후 규제는 기업들에게 부담이 되니까요.

법인세를 인하해주어야 당연히 더 많은 기업이 중국을 떠나 미국에 입지할 가능성이 높아지겠죠. 그 밖에 FTA라든가 이런 것들을 철폐하는 것도 그것 때문에 미국에 공장을 안 짓기 때문이죠. 통상정책이나 통화정책이나 이런 모든 정책들이 일관성이 있고 하나의 결이 있습니다.

그런 관점에서 트럼프가 당선되어 트럼프 2.0 시대가 되면, 자기가 좀 더 마음에 들어 하는 비둘기파적인 금리인하론자를 연준 의장으로 앉힐 가능성이 높고, 그런 연준 위원들로 연준이사회를 구성할 가능성이 있죠. 직접 통화정책에 관여하기는 어려울지 모르겠지만, 어떤 사람을 연준 의장으로 선택할지는 대통령이 결정할 수 있기 때문에 통화정책 관점에서 더 극단적인 완화를 지향할 겁니다.

의견을 드린다면 지금 현재 미국이 생각하고 있는 중립금리는 3.0%, 높게는 3.5%입니다. 현재 이 중립금리를 향해 2026년까지 매우 천천히 점진적으로 통화정책 기조를 이행해나갈 것으로 판단하고 있습니다.

해리스가 당선된다면 해리스 정부는 이런 통화정책 기조를 인정해줄 거예요. 그런데 트럼프는 그걸 기다릴 수 없습니다. 무슨 3.0%냐 2.0%지, 아니 1.0%로 낮춰라, 이런 기조로 갈 것이기 때문에 점진적인 금리인하보다는 좀 더 강한 금리인하 기조로 갈 가능성이 있다고 의견을 드리겠습니다.

금리를 떨어뜨리고 법인세도 인하하겠다고 공약을 걸고 있죠. 미국에서 공장 하고 제조업 하기에 좋은 환경을 유도하겠다, 이런 것은 어쨌든 기업 입장에서는 환호할 만한 메시지이죠.

OECD 주요국 법인세 최고세율 비교

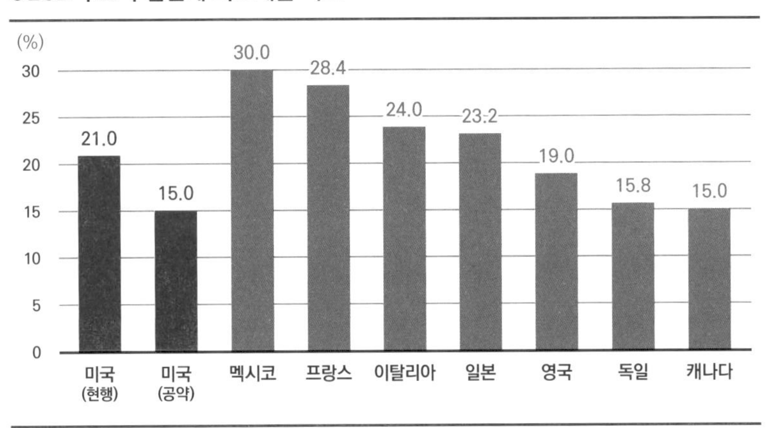

출처: OECD

낮은 금리에 법인세도 인하하고 여기에 더해 관세율까지 높인다면, 이런 여러 가지 것들을 감안한다면 상대적으로 주식시장에는 트럼프가 당선됐을 때 더 긍정적이라고 표현해볼 수 있겠죠. 일시적으로라도 그런 효과가 있지 않을까 하는 그림을 그려볼 수 있습니다.

카멀라 해리스 부통령 후보 약력과 주요 정책 방향

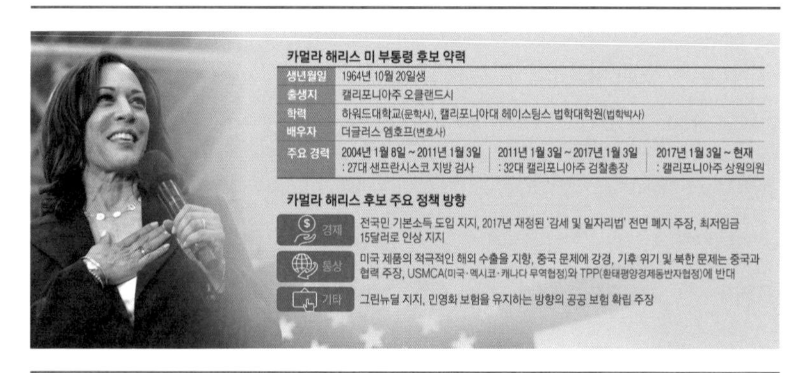

출처: 서울신문

상대적으로 해리스노믹스는 통화정책의 독립성을 계속 강조하고 있습니다. 오히려 트럼프 때 그때를 봐라, 계속 통화정책에 관여하는 그런 행동들이 통화정책의 독립성을 훼손하게 되고 결국 통화정책이 정상적으로 운영될 수 없게 된다고 말하고 있습니다.

물가안정을 위해서는 긴축적으로 가야 되고, 물가가 안정된

상태에서는 경기부양을 위해서 독립적으로 통화정책이 운영되어야 되는데, 트럼프가 자기 식대로 계속하다 보니까 미국경제를 더욱 혼란에 빠지게 만든다는 입장이라고 볼 수 있겠죠.

실제로 해리스노믹스에서 독립성을 강조하는 정책들과 그 밖의 여러 정책기조들과 맞물려서 어떤 부분에 기회가 있는지는 조금 이따 더 구체적으로 살펴보겠습니다.

해리스노믹스 입장에서는 트럼플레이션을 더 우려해요. 예를 들면 개인 소득세율을 인하하겠다, 또 수입품에 대해서 10% 보편관세를 부과하겠다, 불법 이민도 차단하겠다 등. 이게 다 뭐예요? 인플레이션을 야기하는 요소예요

'트럼플레이션(트럼프+인플레이션)' 우려

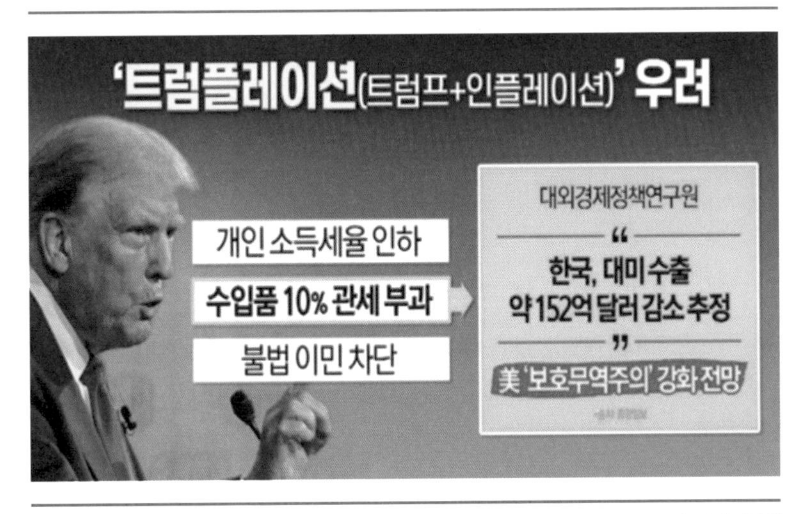

출처: 경제읽어주는남자 김광석

모든 수입품목에 대해서 10%씩 관세를 부과하고 중국에 대해서는 관세를 최대 100%까지 부과하면 미국이 수입하고 있는 품목의 가격이 올라가는 효과가 발생하겠죠. 그러면 인플레이션이 야기되는데, 금리는 인하론을 주장하니까 미국경제가 더욱 혼돈에 처할 수 있다고 민주당에서는 지적을 합니다. 이런 지적들이 일리가 있다고 볼 수 있습니다.

그렇게 보았을 때 트럼프가 당선되면 인플레이션 현상이 좀더 야기될 수 있고, 상대적으로 금리가 인하되면 경제가 더욱 혼란스럽게 펼쳐질 수도 있겠다는 의견을 드립니다.

반대의 경우라면 또 다른 흐름으로 갈 수 있습니다. 앞에서 말씀드렸던 것처럼 중국은 이미 디플레이션 취약성에 빠져 있습니다.

중국의 물가상승률 추이

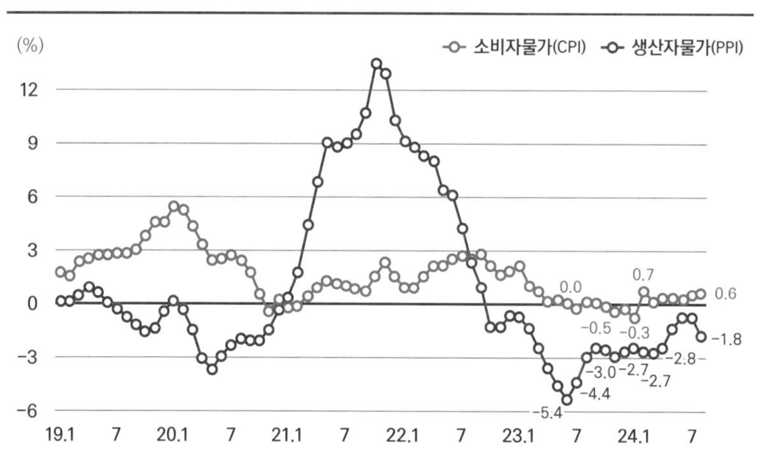

출처: 중국국가통계국

디플레이션 취약성 지수와 기여 요소

역사적 평균으로부터 표준 편차; 값이 낮을수록 디플레이션 위험에 더 취약

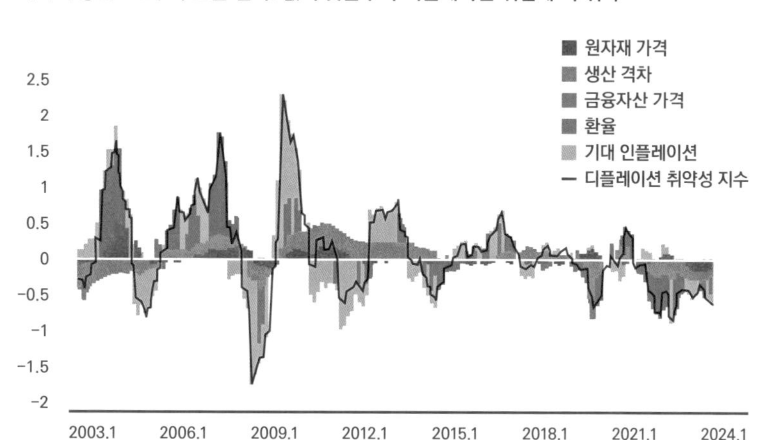

출처: IMF(2024.8) 중국 : IMF Country Report No. 24/276

이런 상황에 상대적으로 중국에 높은 관세를 부과하고 통화정책 기조를 완화적으로 움직였을 때 중국경제는 또 어떤 모습일까를 그려보는 데 제 이야기가 도움이 됐으면 좋겠습니다.

중국경제라는 관점에서 한 가지만 포인트를 드린다면, 앞에서부터 계속 강조했지만 중국이라는 나라가 한순간에 망하는 게 아닙니다. 중국경제가 약한 부분을 좀 들여다보면, 구경제적인 측면을 보면 계속 기우는 게 맞아요. 그러나 신경제적인 영역을 들여다보면 한순간에 중국이 망할 것처럼 보기는 어렵습니다.

중국의 배터리, 즉 2차전지가 이제 세계시장을 침투하고 있어요. 미국시장에서도 8%까지 점유율을 올려가고 있습니다. 한국

시장에도 지금 유통망을 깔고 있는데 2025년에는 2,000만원대의 SUV 전기차를 한국시장에 출시할 준비를 하고 있습니다.

결국 중국의 구경제와 신경제를 같이 봐야 합니다. 그럼 중국경제는 어떻게 정의할 것이냐는 질문에는 아래 빨간색 선처럼 정의하는 게 가장 적절하지 않을까 하는 의견입니다.

이제 중국경제는 고성장은 끝났고, 중성장 저성장화되는 구조로 가고 있습니다. 일본은 선진국으로 도약한 다음에 멈췄으니까 조금 다른 모습이지만, 중국은 어쩌면 선진국으로 도약하기도 전에 그 선에서 이렇게 멈춰가는 모습, 일종의 중진국 함정과 같은 모습으로 가고 있는 게 아닐까 하고 생각합니다.

중국의 경제성장률과 수출증감률 추이 및 전망

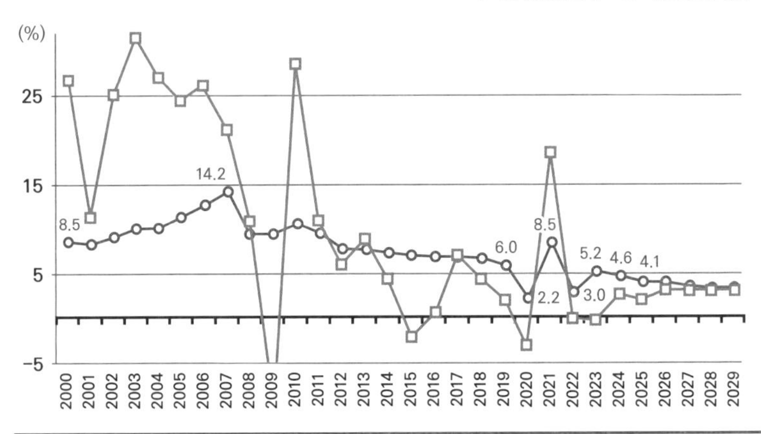

출처: IMF(2024.7) World Economic Outlook Update

5장

한국은 어떻게 대응해야 할까?

결론적으로 우리 한국경제는 어떻게 대응해야 될까요? 연간 기준의 수출입액을 계산하려면 2024년 기준으로 해야 됩니다. 아래 표에 제가 예상한 나라별 수출 현황을 봐주시기 바랍니다. 우리나라의 수출 구조를 보면 대중국 수출액과 대미 수출액을 합하면 거의 35%, 40%에 육박합니다. 우리나라 수출의 거의 40% 가까이를 미중에 수출하는 겁니다.

미중 간의 패권전쟁이 어떤 시나리오가 펼쳐질지에 따라서 결국 우리나라의 수출입에도 상당한 영향을 미칩니다. 트럼프가 관세전쟁의 형태로 이끌어갈 때 기회적인 측면도 있을 수 있습니다만 해리스식으로 동맹국과 함께 중국에 대한 경제 제재를 가하는 방식으로 가게 되면 상대적으로 동맹국들에 대한 수출 기

한국의 주요국별 수출 현황(2023년 기준)

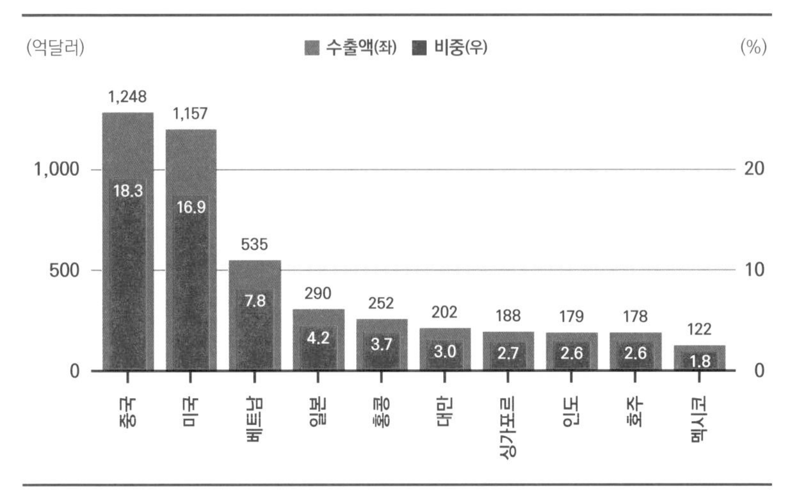

출처: 무역협회

회가 더 많아질 수도 있겠죠.

시나리오에 따라서 어떻게 대응할지를 고민해야 될 텐데, 이렇게 트럼프가 되느냐 또 해리스가 되느냐에 따라서 어떤 통화정책, 어떤 통상정책이 진행되고, 그게 거시경제적으로 어떤 변화를 가져올지를 가늠하는 데 오늘 제 발제가 도움이 되셨기를 바라는 마음으로 발제는 마무리하도록 하겠습니다.

TRUMP 2.0

토론

discussion

김광석 : 그러면 그냥 난상 토론이니까 어떤 질문이든, 어떤 코멘트이든 편하게 말씀 부탁드리겠습니다.

박정호 : 트럼프하고 해리스 두 후보자 중에서 최종적으로 누가 당선됐을 때 중국에게 조금 더 유리하다고 판단이 될까요?

김광석 : 중국에게 더 유리하다고 하는 것은 이제 거의 없을 텐데, 중국 입장에서는 트럼프가 조금 더 부담이 되지 않을까요? 왜냐하면 관세전쟁은 거의 명확하게 펼쳐질 거고 그렇게 되면 단기간 안에 충격이 있을 수 있고요. 다만 해리스 같은 경우는 동맹국 대 동맹국의 싸움으로 펼쳐질 가능성이 높겠다, 지정학적 싸움이 좀 있겠다, 그러면 중국은 상대적으로 중국 우방국들로 수출을 재편하는 그런 대응책이 조금 더 가능할 수 있지 않을까 생각해봅니다.

박정호 : 저는 반대로 생각했습니다. 사실 트럼프 같은 경우는 비즈니스맨 출신의 대통령인데 이 비즈니스맨들은 크게 두 종류로 나눠져요. 그러니까 농사꾼 기질의 비즈니스맨 그리고 사냥꾼 기질의 비즈니스맨. 농사꾼 기질은 한땀 한땀 R&D(연구개발)하고 제품개발해서 그걸 가지고 시장에 런칭해서 다시 마케팅해서 하나하나 늘려가는 그런 형태의 비즈니스를 하는 사람이고, 사냥꾼 형태는 말 그대로 좋은 투자처가 있을 때 한 큐에 넣어서 한 큐에 빼는 스타일인 거예요. 부동산 투자도 사실 거기에 더 가깝거든요.

그런데 이런 사냥꾼 기질의 비즈니스 맨들의 리더십 특성이 거래적 리더십입니다. 즉 내가 너에게 얼마를 줬으니까 나에게도 얼마를 줘야지 하는 방식이죠. 이게 또 비즈니스의 어떤 특성이기도 하죠. 그러다 보니까 트럼프가 그동안 대중국 전선에서 가장 많이 사용했던 게 이 거래적 리더십의 가장 일반적인 수단인 '관세 얼마 내라'입니다.

지난 1기 트럼프 때의 행보들을 보면, 중국은 어떤 특정 품목의 관세가 부담될 때는 오히려 역으로 딜이 들어갔어요. 트럼프를 이해한 거죠. 그냥 우리가 곡물을 더 사면 안 되겠니, 이 관세 말고 그냥 곡물을 더 살게. 그럼 트럼프는 숫자가 맞으면 오케이 하고 약간 유예해주는 행보도 있었단 말이죠. 그리고 중국에서 관세를 통해서 본인이 목표했던 어떤 수치를 달성하고 나면 또 투어를 떠나죠.

한국에 와서는 방위비 분담금 얼마 내라고 요구했죠. 그래 얼마 낸다고? 됐어 오케이! 그럼 이제 또 유럽 가서 우리 나토 탈퇴할 거야. 얼마 낼 거야? 이렇게 자기가 돌아다니면서 원하는 수치를 얻으면 한동안 연락도 잘 안 하는 스타일이 트럼프의 리더십이에요. 그래서 우리는 관세라는 게 아까 보여주신 것처럼 그동안 쭉 낮아져 왔던 흐름 속에서 관세가 부과되었으니, 트럼프의 등장으로 굉장히 터프한 스타일의 리더십, 고압적인 리더십이 미국에 나타났다고 인식합니다. 그런데 실제로 뚜껑을 열어봤더니 바이든은 경제 교과서에 없었던 룰을 사용합니다. 바로 IRA 법과 CHIPS(미국의 도매 결제 시스템)죠. 비즈니스할 때 원자재는 어디 거 쓰면 안 되고요, 중간재 어디 거 쓰면 안 되고요, 공장은 여기다 지어야 되고요, 이렇게 모든 것들을 규제하는 것은 어느 책에도 있지 않았어요. 관세나 보조금은 늘 있는 협상의 내용이거든요.

그러다 보니까 많은 국가들이 이걸 어떻게 받아들여야 될지 고민도 되고, 심지어 우리나라는 전체 밸류체인의 상당 부분, 미래 먹거리의 상당 부분이 지금 미국으로 가버린 상태거든요.

2차전지 관련한 회사는 LG에너지솔루션 같은 경우 6개, SK온 6개, 삼성SDI 2개, 반도체 공장 2개, 그다음 전기차의 경우 현대차는 미국, 기아차는 멕시코. 그래서 어떻게 보면 다음 먹거리의 앵커 기업들만 해도 20개 공장이 전부 기가팩토리(테슬라가 전기자동차 배터리 생산을 위해 건설한 리튬이온 배터리 공장)로 다 가버린 거예요. 그러다 보니 1차 밴더사, 2차 밴더사까지 다 가버린 거죠.

이거는 단순히 우리가 어떤 관세를 우리 그냥 돈 내고 여기서 장사할게요 하는 것보다 훨씬 반영구적인 데미지를 입은 겁니다. 만약 바이든의 CHIPS라든가 IRA 법이 없었다면 사실 우리나라 2023년과 2024년 경제의 가장 큰 아킬레스건인 부동산 PF 문제라든지 지방의 경기 둔화라든지, 건설경기가 내수경기에서 치명상을 입었던 것들이 절대로 일어날 수 없거든요.

저 정도 공장을 동시다발적으로 지으려면 이건 광역시가 하나 더 생겨야 되는 수준이었거든요. 그런데 이 공장들이 한국을 떠났다는 건, 이건 굉장히 항구적인 어떤 리스크 요인이어서 사실 저도 굉장히 당혹스러웠어요. 왜냐하면 바이든은 외교통상에서 30년 이상 일했던 사람이라서 원래 언행 자체가 온화한 사람이었는데, 그 안에 이런 에너지가 있을 줄은 솔직히 몰랐고요, 그리고 트럼프도 이러면 엄청난 반발이 있을 줄 알았는데 얘네들이 모두 오히려 그 보조금 제가 받겠습니다 하고 미국에 다가오는 걸 봤어요. 그래서 이번 트럼프의 공약에는 IRA 법에 대한 언급 자체가 없어요. 그러니까 이 얘기는, 나도 이거 좋은 것 같고 이거 미국경제에 득이 되는 것 같으니 관세와 더불어 IRA법과 CHIPS도 계속 유지하겠다라는 입장이 상당히 강한 거예요.

그래서 저는 개인적으로 지난 정권을 바탕으로 판단한다면 바이든 때와 트럼프 때 중에서 바이든 때가 전 세계적으로 많은 국가에 치명상을 입혔다고 그렇게 판단합니다.

박세익 : 네, 저는 아까 교수님 자료에서 가장 인상적이었던 것이 관세 부분이었습니다. 1930년 대공황 초입 국면에서 미국의 후버 행정부는 '스무트 홀리 관세법'을 제정하여 2만여 개의 수입품에 대해 평균 59%, 최고 400%까지 관세를 부과합니다. 이로 인해 영국, 프랑스, 캐나다 등이 보복관세와 수입제한으로 대응하며 국가 간의 교역이 급감했습니다. 경제학자들은 반대했지만 후버는 법을 강행했고, 대공황이 더 심화되며 미국 주식시장은 80%나 폭락해요. 이 혹독한 경험 후 1936년 그 유명한 케인즈의 《고용, 이자 및 화폐에 관한 일반이론》이 출간되었고, 케인즈는 인간의 비경제적 본성인 '야성적 충동Animal Spirits'을 설명하고 정부의 '유효수요' 창출을 강조했습니다.

트럼프의 보호무역주의는 고전학파의 자유경제 체제를 무시하고 분업에 의한 '부의 증대' 효과를 떨어뜨리게 됩니다. 아담 스미스가 《국부론》에서 '핀 공장' 사례를 들어 설명한 분업의 효과를 생각하면 되는데요. 즉, 한 사람이 혼자 핀을 만들면 하루에 1개도 만들기 힘들지만 핀 만드는 작업을 18개로 세분해서 분업을 했더니 1인당 4,800개의 핀을 만들 수 있었다는 얘기입니다. 그리고 이를 좀 더 발전시켜 국가 간에도 관세 없이 '분업 체계'를 유지하는 것이 양국에 모두 도움이 된다고 설명한 것이 리카르도의 《비교우위론》이구요. 과도한 관세는 이를 붕괴시켜

자본의 효율성을 떨어뜨립니다. 주식 투자자들이 보호무역주의를 싫어하는 이유입니다.

저는 2018년 1월부터 트럼프가 중국산 태양광 패널과 세탁기에 대해 30~50% 관세를 부과할 때 깜짝 놀랐습니다. 공화당인 트럼프가 왜 관세전쟁을 일으키지? 저건 자본가들이 매우 싫어하는 정책인데? 3월에는 철강과 알루미늄에 각각 25%와 10% 관세를, 2018년 7월에는 중국산 제품 818개 품목에 대해 25% 관세를, 9월에는 10% 관세를 추가했어요. 2019년 1월, 5월, 9월에도 관세가 추가되면서 우리나라 주식시장은 아주 힘들었죠. 반면 미국은 연준Fed의 금리인하로 S&P500 지수가 2019년에만 28.8% 상승했습니다.

20년간 미중 분업 구도 아래, 미국은 달러를 찍어 값싼 중국 제품을 수입하여 물가를 안정시키고, 중국은 수출로 번 달러로 미국채를 사들여 미국의 실질금리를 안정시켰거든요. 이런 구도를 트럼프가 깬다는 것이 도저히 이해가 안 가서 저는 당시 그게 가장 큰 스트레스였어요

그런데 자본가들은 왜 보호무역주의를 외친 트럼프를 선택했을까요? 2016년 대선 때 트럼프는 법인세를 35%에서 15%로 낮추겠다고 했습니다. 자본가 입장에서는 너무 좋은 거죠. 저는 이때 미국의 경제와 정치를 움직이는 최상위에 있는 자본가들이 환호했다고 봅니다.

그런데 4년 뒤에는 반대의 결과가 나왔죠. 미국 대통령은 웬

만하면 연임을 하거든요. 과거 100년 동안 재선에 실패한 미국 대통령은 3명밖에 없어요. 물론 코로나19라는 특이한 상황이 있긴 했지만 트럼프는 왜 재선되지 못했는가를 고민해봤어요. 저의 결론은 트럼프가 저렇게 계속 관세를 올리면 1930년대와 같은 대공황을 야기시킬 수 있다는 것이죠. 그래서 저는 트럼프가 재선에 실패했다고 봤습니다.

2024년 대선에서도 트럼프는 법인세를 낮추고 관세를 높이겠다고 공약을 했습니다. 하지만 1.0 시대 경험을 바탕으로 무리한 관세 폭탄을 부과하지는 않을 것이라고 생각합니다.

오태민 : 네. 공부 많이 되었습니다. 자료가 너무 좋네요.

김광석 : 감사합니다. 주신 말씀에 대해서 저도 피드백을 드리면 박정호 교수님의 의견에도 강한 공감을 합니다. 그런데 우리가 어디에 좀 더 무게 중심을 두느냐에 차이가 있는 것 같은데, 저는 관세와 법인세만큼 강한 정책이 없다고 생각하는 사람입니다. 왜냐하면 한쪽에서 뺨을 때리면 다른 한쪽이 또 뺨을 때리는 거죠. 미국이 관세를 올리면 중국도 관세를 올리고요. 그 두 나라만이 아니라 다른 나라들도 관세를 올려요. 그리고 이미 2023년, 2024년부터 관세를 올리는 구조로 가고 있어요.

그래서 저는 이걸 극단적 보호무역주의의 시대라고 표현하고 있거든요. 그런데 이 관세장벽만 올리는 게 아니라 비관세장벽도 같이 올려요. 수입 여건을 까다롭게 감시해요. 비관세장벽은 두 가지가 있죠. 기술장벽과 위생검역이 있습니다.

지금 여러 나라들이 경제가 어려워서 상대적으로 자국 기업들의 여건을 좋게 만들어주기 위해서 관세와 비관세장벽을 강화해 수입을 방어하는 방식을 채택해요. 소비자 입장에는 그만큼 다른 나라에서 수입하는 가격이 상대적으로 저렴하니까 수입을 했죠. 그런데 이렇게 너도 나도 관세율을 올려가다 보면, 관세가 부과된 더 높은 가격의 상대국 제품을 쓰거나 자국에 있는 상대적으로 높은 가격의 제품을 쓰게 되는데, 이게 둘 다 결과적으로는 인플레이션 압력이 되죠. 인플레이션 압력과 많은 관세장벽이 펼쳐지다 보면 경제적으로 하방압력이 돼요. 왜냐하면 우리나라만 수출 의존적인 게 아니라 다른 나라들도 대부분 수출 의존적인 경우가 많기 때문이죠. 그러면 이제 경기는 더 하방압력을 받죠.

그러니까 이게 결국은 스태그플레이션에 가까운, 물가는 물가대로 다시 2차 인플레이션과 같은 현상이 야기되고, 경기는 경기대로 더 하방압력을 받는 그런 모습으로 나타나지 않을까 하는 의견도 드립니다.

제가 2024년 여름에 애틀랜타에 갔었는데 애틀랜타가 가장 대표적인 리쇼어링 지역이에요. 이미 우리나라도 현대차, 기아차, LG전자가 있고 세계 글로벌 기업들도 다 들어가 있습니다.

여러 가지 정책들이 있겠지만 이 많은 기업들이 왜 애틀랜타에 위치할까? 답은 간단했습니다. 법인세가 없습니다. 그러니까 특구예요. 기업들로 하여금 미국으로 가서 경영하는 게 시장도 있고 법인세도 절감되고, 거기다 관세율이 높고 환율마저 약 달러가 된다면 기업하기 이보다 더 좋은 지역이 없겠구나 하는 판단을 하게 합니다. 그리고 말씀하신 대로 IRA 같은 보조금 등도 모두 결부된 결과라고 저는 생각합니다.

이런 점을 생각해보면 미국의 대선 결과 누가 더 중국경제에 나쁘다 한국경제에 나쁘다 이걸 논하기도 굉장히 어려운 점이 있지만, 두 후보 중 누가 되는가에 따라서 시나리오는 확실히 달라질 수 있겠구나 하는 생각을 해볼 수 있을 것 같아요.

간단한 질문을 드려볼까요? 박정호 교수님은 만약에 비즈니스 맨이라고 한다면 농사꾼 기질입니까? 사냥꾼 기질입니까?

박정호 : 저는 철저히 농사꾼 기질이라서요. 제 스스로에 대해 답답하게 생각합니다. 오태민 교수님처럼 사냥꾼적인 야수의 눈으로 지금이다 하고 딱 들어가서 텐 배거10 bagger(초기 투자금의 10배에 해당하는 수익을 목표로 하는 투자 전략) 이상의 어떤 수익을 거두는 그런 게 어떻게 보면 현대적인 모습의 자본가들인데, 저는 어디 가서 맨날 엑셀로 통계 그리고, 책 쓰고 보고서 쓰고, 막 이래가지고 발표하고 중간 발표하고 최종 발표하고 전근대적인 이 행태를 언제 벗을 수 있을지 고민이 많습니다.

김광석 : 저는 어떤 것 같아요?

박정호 : 둘 다 있어요. 사실 오늘 이 상황도 기획하신 분이잖아요. 그러니까 어떤 지식을 어떤 타이밍에 어떤 방식으로 대중에게 전달했을 때 더 많이 소구할 수 있는지를 아시는 거잖아요. 저는 이런 걸 누가 만들어주지 않으면 제가 그런 걸 할 줄 모르거든요.

박세익 : 그래서 제가 요즘 고민이 많습니다. 가상화폐 시장도 사냥꾼 식으로 투자해야 되잖아요. 주식시장도 마찬가지입니다. 저는 주식투자를 '쩐의 전쟁'이라고 합니다. 주식시장이 누구에게나 개방되어 있어 초보 투자자들도 쉽게 뛰어들지만, 제가 보기에는 UFC(종합격투기)에 데뷔하는 것과 비슷합니다. 중상급자도 언제든지 큰 부상을 당하는 무시무시하고 무자비한 UFC 경기장이 주식시장입니다. 특히 요즘은 알고리즘으로 무장된 기계들이 매매를 해요. 미국의 대형 헤지펀드의 70%는 기계가 매매를 한다고 해요. 이제는 사람이 아니라 알파고 같은 AI와 싸워야 돼요. 영화 〈터미네이터〉의 휴머노이드 로봇이 주식시장에 쫙 깔려 있다고 보면 돼요. 우리도 베테랑 사냥꾼처럼 싸워야 돼요. 까딱 잘못하면 손실이 눈덩이처럼 늘어나요.

그래서 시장전망과 투자전략을 말하는 것이 정말 부담스러워요. UFC의 '코너 맥그리거' 같은 악동 파이터와 싸우는 초보 투자자에게 이런 전략으로 이렇게 싸워보라고 조언하는 기분이에요. 투자에서 10~20년 경험이 있다고 한들 아마추어 야구가 프로 못 이기는 거랑 똑같거든요. 그래서 저는 경제 방송에서 사냥꾼 식의 전술이나 매매전략을 얘기할 수가 없어요. 고도의 트레이딩 기술과 밸류에이션 능력을 갖추고 있지 못하면 다치거든요. 그러니까 맨날 농사꾼 식의 투자전략을 얘기할 수밖에 없죠. UFC 같은 주식시장에서 화끈하게 황소 한 마리는 못 잡더라도 농사를 지어 안정적으로 사과는 따 먹을 수 있도록 국내외 초우량 기업을 시장이 안 좋을 때 싸게 사고, 또 시장이 좋을 때 팔아서 이익 실현하라고 조언합니다. 저희도 매일 아침마다 사냥꾼 식의 전략회의를 하지만 방송에 나와서는 늘 농사법을 얘기해요.

김광석 : 박세익 대표님하고 저하고 공통점이 두 개예요. 하나는 비가 와도 눈이 와도 운동한다. 박세익 대표님은 축구, 저는 테니스를 합니다. 두 번째는 공통점이 둘 다 UFC를 좋아해요.

토론의 균형을 맞추기 위해서 제가 오태민 교수님께 질문을 드리겠습니다.

지정학적으로 혜안이 많으시니까 트럼프 행정부 때를 한번 돌이켜보면서 트럼프는 어떤 지정학적 싸움을 했는지, 그리고 해리스가 바이든과 유사하다고 가정했을 때 바이든은 지난 시간을 돌이켜봤을 때 어떤 지정학적 싸움을 했는지 이걸 좀 구분해서 의견을 부탁드립니다.

오태민 : 결론부터 간략하게 말씀드리면, 트럼프는 미국이 제국으로 가는 데 브레이크를 건 거고요. 트럼프가 쓰는 용어지만, 바이든과 해리스로 이어지는 미국의 딥 스테이트Deep state는 최대한 미국 패권을 유지하려고 하고 있습니다. 그런데 이게 구조적인 어려움이 있어요. 이것은 단기적인 거시경제가 아니라 장기 트렌드로 봐야 되는데 미국이 더 이상 항행의 자유를 국시로 삼을 수가 없는 상태예요.

11개의 함대가 다 가동되고 있지 않다는 얘기가 있거든요. 5대양 6대주를 감시하는 세계 경찰로서 미국의 항공모함 시스템이 지금 가동을 잘 못하고 있어요. 미국의 인플레이션을 고려했을 때 미국의 국방비는 계속 줄어들고 있어요. 그런데 이 군사지정학을 잘 모르시는 분들은 그냥 탱크가 있고 비행기가 있으면 된다고 생각하지만, 고가의 탱크나 고가의 비행기는 유지 관리비가 많이 들어가요.

특히 핵 같은 거는 관리비가 엄청나게 많이 들어가잖아요. 핵을 하나 만들어놓고 그 핵을 창고에 넣어놓는 게 아니라 그 핵을 전담해서 마크하는 엔지니어와 관리자가 있어야 되는 거예요. 그 사람들은 아무나 바꾸면 안 됩니다. 왜냐하면 그 사람들은 암에 걸릴 확률이 굉장히 높기 때문에 특수한 직종이거든요. 그런 사람들의 인건비가 중국이 비싸겠어요, 미국이 비싸겠어요? 당연히 미국이 엄청나게 비싸지요. 미국의 인건비가 중국의 10배라고 하더라도 미국의 군인 1명이 중국 군인 10명을 상대하는 게 아니잖아요. 그래서 인건비로 그 나라의 국방비를 환산하면 전혀 다른 그림이 그려지거든요. 특히 서태평양의 남중국해에서 미국이 계속 군사력을 유지하려면 굉장히 많은 비용이 들어요. 그래서 이것을 유지하려면 이제 미국은 본격적으로 제국으로 가야 되는 거죠. 그런데 미국이 제국으로 갈 것이냐, 국가주의로 돌아설 것이냐 하는 기로는 10년 전부터 펼쳐졌었죠.

저처럼 이렇게 얘기하시는 분이 조지 프리드먼이라는 걸출한 국제정치학자인데요, 그런 그룹들과 같은 현실주의 국제지정학자들이 이미 15년 전부터 떠들어왔던 얘기들이 임박한 거거든요.

2024년에 처음으로 미국에 놀라운 현상이 발생했는데, 제가 메이저 언론사 고위 간부들하고 식사를 하면서 이 얘기를 했더니 아무도 모르고 있었어요. 아무도 모르고 있어서 깜짝 놀랐어요. 2024년도에 미국채 이자가 미국의 국방비를 앞섰어요. 통계마다 조금씩 다르지만 대략 1조 달러 대 8,400억 달러이죠. 리얼 퍼거슨이라는 저명한 역사학자는 모든 제국이 제국을 유지하는 국방비보다 채권 이자, 즉 이자비용 부담이 늘어나면서 제국의 역량을 잃어버린다고 얘기했거든요.

보수적인 씽크탱크 후버연구소는 이게 2035년도에 올 거라고 예상했는데 2035년도가 아니고 지금 왔잖아요. 11년 앞당겨서 나타났어요. 물론 이건 고이자율이기 때문에 일시적인 현상일 수도 있고 고착되지 않고 다시 회복될 수도 있는데, 정말 중요한 신호를 읽어야 됩니다. 인플레이션을 고려하면 미국 국방비가 늘지 않고 있거든요. 미국의 노후된 비행기, 노후된 함대, 노후된 핵무기들은 거의 쓸모가 없어요. 그것을 유지하고 개량하는 데만 엄청난 비용이 든다는 거예요.

트럼프는 이런 현상을 정확하게 알고 있어요. 트럼프를 캐릭터 위주로 보면 안 된다고 보는 것이 저의 입장입니다.

교수님도 말씀하셨지만 굉장히 일관된 메시지가 있습니다. 그런데 국방이나 이런 거는 사실상 허세 효과가 굉장히 크기 때문에 아무리 트럼프라고 해도 다른 분야처럼 쉽게 말을 못해요. 왜냐면 내가 동네 깡패인데 나 지금 힘 빠지고 있어, 라는 말을 본인 입으로는 할 수가 없잖아요. 그걸 인정하는 순간 막 도전자들이 나올 테니까. 그래서 우회적으로밖에 메시지를 못 내요. 그 우회적인 메시지를 트럼프는 계속 내고 있는 거예요. 우리는 이제 더 이상 국제경찰 못한다고 하는 거죠. 만약 해리스가 된다면 그 기간이 좀 더 연장된다고 봐야죠. 그래도 이 큰 틀은 미국이 돌이킬 수 없죠. 그래서 서태평양에서는 중국을 손봐야 되고, 그게 양당이 합의가 된 것 같아요.

퇴조하더라도 중국은 손보고 퇴조한다. 인도양에서는 손볼 데가 없기 때문에. 여기는 지들끼리 치고 받고 싸우느라고 미국에 도전하는 세력이 안 나와요. 그래서 인도양에서는 미국이 오바마 때 나왔어요.

우리는 바다 중심으로 안 보고 대륙 중심으로 보니까 중동정책이라고 보는데 미국 입장에서는 그게 인도양정책입니다. 미국은 대항해 세력이거든요. 수에즈 운하부터 말라카 해협까지 인도양이에요. 거기 지도를 보시면 미국에 도전할 세력이 아무도 없습니다. 지들끼리 다 싸우는 거잖아요.

그래서 미국이 인도양을 관리하지 않으니까 이스라엘이 현상변경 세력이 되어버렸잖아요. 현상변경을 하고 있습니다. 미국은 현상유지 세력이거든요. 미국은 현상변경을 용인하지 않습니다. 그런데도 현상변경에 대해서 미국은 지금 이스라엘에 말로만 하지, 아무것도 안 하잖아요.

1956년 수에즈 운하 위기를 한번 보십시오. 이집트의 나세르 정권이 수에즈 운하를 국유화하자 영국, 프랑스, 이스라엘이 이집트에 대해서 군사작전을 하죠. 항행의 자유를 주장한 미국은 수에즈 운하가 독재자에게 귀속되는 것을 반대해서 당연히 영국과 프랑스, 이스라엘 편을 들어야 되는데 그게 아니었어요.

남들 다 보는 앞에서 영국하고 프랑스를 개패듯 팼거든요. 그때부터 우리는 공식적으로 영국 제국주의는 끝났다라고 보는 겁니다. 그게 1956년도였죠. 그런데 지금 미국이 이스라엘을 가만 놔두잖아요. 미국이 인도양에 대해서 현상변경을 저지할 힘도 의지도 없는 상황인데 민주당은 다른 액션을 취하지도 않고 있죠. 트럼프는 더 노골적일 거예요.

김광석 : 누가 당선될 거냐, 지금 쯤이면 그 결과를 어느 정도 받아들이는 시간일 것 같은데 누가 당선되는가에 따라서 군사지정

학적인 그런 흐름도 어느 정도 변화가 있을 수 있겠다는 생각도 해보실 수 있을 거라고 생각됩니다.

지금 중간중간 제가 이런 말씀을 드릴게요. 저희는 미 대선 결과 향후 어떤 패러다임의 변화가 있을까를 조망하기 위해서 산업과 섹터, 주식 부문의 전문가 박세익 대표님, 향후 누가 당선되는가에 따라서 어떻게 정책적으로 싸움을 이끌어나갈지 고민을 많이 해주신 박정호 교수님, 지정학적인 그리고 코인시장에 있어서의 변화는 어떻게 전개될지를 들여다보기 위해서 오태민 교수님과 함께 토론을 진행하고 있습니다.

앞에 순서는 저의 거시경제 관점에서의 전망을 얘기했습니다. 어떤 변화가 있을지 들여다보고 토론을 마무리했다면 다음은 박정호 교수님의 발제를 듣고 토론을 이어갈 텐데, 정책적인 싸움은 또 어떤 변화가 있을지 한번 말씀을 들어보도록 하겠습니다.

TRUMP 2.0

★★★★★

2부

트럼프 공화당의 정강정책

박정호(명지대 교수)

TRUMP 2.0

1장

정강정책과 대선 공약

미국 대선을 정책 관점에서 보기 위해서 우리가 먼저 살펴봐야 하는 건 민주당과 공화당의 정강정책입니다. 이걸 좀 설명드리면 각 당마다 올해 우리 정당은 어떤 기조 아래 국정을 운영하겠습니다, 국정정책을 입안하겠습니다 하는 정강정책을 발표하는데요.

대통령 선거 당해에는 대통령의 공약과 정당의 정강정책을 일치시켜요. 왜냐하면 이게 다르면 상대편으로부터 너는 당과 얘기도 안하고 이런 걸 공약한 거냐 하는 공격을 받을 수 있잖아요. 이렇다 보니 정강정책에는 이미 대통령 후보와 확실하게 합의가 되었거나 협의가 완료된 사항들을 포함시키려는 경향이 있습니다.

그래서 이 정강정책을 영어로 파티 플랫폼Party platform이라고 부르는데요. 파티, 즉 정당의 플랫폼이죠. 정당이 세상을 바라보는 관점으로 보시면 됩니다. 이 정강정책은 두 대통령 후보의 정책적인 내용들을 확인하는 데 가장 중요한 요소가 됩니다. 그래서 제가 오늘 준비한 것은 발표된 두 정당의 정강정책, 한 70페이지 가까이 되는 내용을 요약 정리한 것입니다.

미국의 모든 선거운동이 우리나라에서는 다 선거법 위반이거든요, 왜냐하면 금권선거의 끝판왕이잖아요. 선거 캠페인 과정에서 돈을 주면서 누구 지지한다고 저기 가서 말해주세요, 설문조사 때 이거 체크해주세요 하며 요구하는 것 모두 우리나라에서는 선거법 위반인데 미국에서는 허용됩니다.

그래서 이 정강정책을 만들 때는 이미 많은 기업으로부터 정치자금을 기부 받습니다. 그것을 바탕으로 그럼 이렇게 기부할 테니 너네 정강정책에 이렇게 넣어줘, 이런 것들까지 다 협상이 되는 것이죠. 그런 경우를 종합한 것이기 때문에 이 정강정책이 미국 대통령 후보의 정책을 확인하는 데 가장 중요한 요소라고 말씀드립니다.

2장

법인세와 최저임금 인상 vs 감세와 규제완화

그럼 가장 먼저 세금과 산업 부분에 대한 정책부터 살펴보겠습니다.

먼저 세금에서 민주당은 법인세 인상, 최저임금 인상과 같은 노동자 중심의 정책을 대부분 넣어놨고요, 공화당은 규제완화와 감세 그리고 기술혁신을 더욱 장려하기 위한 노력들에 각각 방점을 찍었습니다.

그래서 해리스 진영, 즉 민주당에서는 정강정책 상위에 부에 대한 보상에서 일에 대한 보상, 이렇게 표시해 놓았어요. 그러니까 돈이 돈을 버는 것은 지양할 거고 일을 통해 돈을 버는 것을 권장하고 그런 기회를 더 드리겠습니다, 하는 것이 가장 큰 기조라고 보시면 됩니다.

정강정책 비교 : 경제-산업정책 전반

민주당	공화당
1장: 경제를 아래로부터, 중산층을 중심으로 성장시키기 • 인프라 투자 확대 - 전국 4,500개 지역 57,000개 이상의 프로젝트를 통해 도로, 다리 등 재건 및 일자리 제공 • 노동 기준 강화 - 모든 미국 지역 최저임금 15달러로 인상 - 노조설립 권리보호 법안(PRO) 통과 추진	**1장: 인플레이션 퇴치 및 물가 안정** • 에너지 생산 해방 - 글로벌 혼란 종식, 강력한 평화 회복 통해 원자재 가격 및 물가 안정
2장: 부가 아닌 노동을 보상하기 • 부유층 및 대기업 증세, 중산층 및 저소득자 감세 - 법인세율공 21% → 28%로 인상 - 다국적 기업들이 공정한 세금을 납부하도록 보장하는 글로벌 최저한세 제도 시행 - 美 다국적 기업이 해외 수익에 대해 지불하는 세율을 21%로 두 배로 인상 - 중산층 가정에 대한 세금 감면 시행 • 중소기업에 대한 지원 확대	**3장: 역사상 가장 위대한 경제 구축** • 자유와 혁신 막고 비용 증가시키는 규제 완화 • 감세, 일자리법(TCJA) 영구화, 팁세금 면제, 세액공제 확대 • 공정하고 상호 호혜적인 무역 - 해외 아웃소싱업체보다 미국 제조업자 우선시 • 신뢰할 수 있고 풍부한 저비용 에너지 • 기술 혁신 장려 - 암호화폐 단속 종식, 중앙은행 디지털 화폐 창설 반대, 비트코인 채굴권리 보장 - 인공지능 혁신 방해하는 행정명령 폐지 - 민간 우주 부문과 정부 간 파트너십 강화

- 민주당은 법인세 인상과 최저임금 인상 등 노동자 중심 정책, 공화당은 규제완화와 감세, 기술혁신 장려
- 현행 21%의 법인세율이 내년 말 일몰 예정. 민주당은 법인세율을 28%까지 높일 것으로 정강에 명시, 공화당은 정강상 구체적인 수치 제시 없이 포괄적인 감세 의지만을 공표

그럼 그걸 하기 위해서 세부 사항에 뭐가 들어가야 되나. 일단 민주당에서 가장 중요시하는, 그리고 앞으로 우리가 주목해야 될 산업정책은 바로 인프라 투자 확대입니다. 전국 4,500 군데에 5만 7,000여 개의 프로젝트를 통해서 도로, 다리 이런 걸 재건하겠다는 건데요.

목적은 두 가지입니다. 도로, 다리와 관련된 재건사업을 국가 차원에서 수행하게 되면 당연히 많은 일자리가 생깁니다. 흔히 말해 중산층 이하의 일자리가 더 많이 생기는 기회요인이 되거든요. 따라서 스스로 일을 해서 돈을 벌 수 있는 기회를 국가 차원에서 마련해 드리겠습니다가 하나의 정책기조고요, 그다음 여기에 들어가 있는 함의 중 다른 하나가 환경입니다. 사실 미국의 많은 국책기관들이 작성한 보고서를 보면, 지금의 환경에 가장 큰 저해 요인은 노후화된 도로예요. 화석연료를 기반으로 한 자동차 대수 못지않은 저해 요인입니다.

박세익 대표님도 미국생활을 오래 해보셨고 경험들이 있으시겠지만, 미국의 많은 고속도로가 항시 막히는 이유가 보수하려고 일부 도로를 막아놓았기 때문이에요. 자동차들의 연비가 떨어지는 이유도 도로보수 때문에 쌩쌩 달리지 못하기 때문입니다. 따라서 2차 세계대전 이후 본격적으로 도로 정비에 나섰던 1950년대 60년대 때 만들어진 도로들을 다시 보수하지 않고는 친환경에 대해서 얘기할 수도 없는 상황입니다. 그래서 이 프로젝트들이 가지고 있는 함의는 일자리 창출과 친환경 두 가지입니다.

민주당과 공화당이 늘 선호도가 다른 게, 공화당은 기업인이 선호하는 정당이고 민주당은 노동자들이 선호하는 정당이죠. 그런데 공화당은 원래 불법 이민자들에 대해서 표면적으로 드러내지는 않지만 굉장히 온화한 정책이 많아요. 왜냐하면 불법 이민자들이 미국에서 일을 할 때 노조를 못 만들어요. 그러다 보니 정당한 대가 이상을 지급해달라는 목소리가 작아지고 또한 임금 교섭력이 약하니 싸게 쓸 수가 있어요.

트럼프 이전만 하더라도 공화당은 원래 전통적으로 불법 이민자에 대해서 혜택을 줄 정도로 온화한 정책을 해왔고, 반대로 민주당은 항상 노동자의 권익을 높이기 위해서 최저임금을 올리는 정책들을 많이 해왔죠. 이번에도 민주당 정책에 최저임금을 15달러로 인상하겠다는 내용이 포함되어 있습니다.

그렇다면 최저임금 이상으로 일할 수 있는 그 많은 일자리를 국가가 무슨 돈으로 제공할 것이냐고 했을 때 바로 세금을 인상하겠다는 겁니다. 그래서 민주당은 법인세율을 28%까지 높이겠다고 정강정책에 명시를 했어요.

지금 현재 미국의 법인세율이 통상 21%거든요. 그런데 이게 2025년 말이 일몰입니다. 그러니 어차피 다시 논의를 해야 되는데 민주당은 파티 플랫폼에 아예 명시를 했어요. 28%가 우리의 목표라고요. 그럼 공화당은 어떻게 되느냐, 공화당의 파티 플랫폼에는 일몰 후에 법인세율을 얼마로 할 것인지 숫자가 안 나와요.

트럼프는 항상 주목받는 리더십을 발휘하는 인물입니다. 공화당의 정강정책에는 안 나와 있는데 나는 15%야 하고 본인이 구두로 말했지요. 파티 플랫폼에 명시되어 있지는 않아요. 그럼 이거는 나중에 다시 딜deal이 들어갈 수 있거든요. 돈을 낸 기업들의 아니, 왜 세율을 낮춰주지 않는 거야 하는 소리를 안 들으려고 정강정책에서는 뺐지만 트럼프는 일단 지르고 있다, 강한 의지를 표명했다, 이렇게 보시면 됩니다.

현재 민주당의 가장 큰 고민거리 중 하나가 다국적 기업입니다. 미국에서 가장 큰 수익을 벌어들이는 빅테크 기업들이 올리는 미국 밖에서의 수익이 어마어마하거든요. 그래서 이런 다국적 기업들이 해외에서 올리는 수익에 대해서 세금으로 얼마를 내도록 할 것인가에 대한 부분인데, 기존 세율의 2배 이상으로 인상하겠다, 해외에서 거둔 소득에 대해서도 엄청난 세금을 추가적으로 부과하겠다고 정강정책에 명시를 했어요. 그러면 모두에게 증세를 하는 거냐. 그건 아니고 중산층과 그 밑의 계층에 부과되는 세금을 오히려 감면시킵니다.

저는 지금 미국의 경제 상황을 '평균의 함정'이라고 부르는데 평균적인 수치로는 경기가 그렇게 나쁘지 않아요. 그런데 산업별, 지역별로는 희비가 엄청나게 엇갈리거든요. 거기에 맞춰서 민주당은 돈을 많이 버는 프리미엄 기업과 상위 기업 그리고 상위 계층에 대해서는 법인세율도 더 때리고 세금도 더 징수합니다. 하지만 중산층 이하에는 소득도 올려줄 뿐만 아니라 세금도 감면해주는 그런 정책을 넣겠다는 겁니다. 이걸 통해서 미국의 경기를 부양하겠다는 거고요.

그런데 공화당은 전혀 달라요. 공화당은 어떻게 하느냐. 사람들이 부유해지는 건 국가가 인위적으로 인건비 올려주고 세금 깎아주는 걸로 되는 게 아니라 부자들의 세금을 낮춰줘서 그 사람들이 초과이익이 생기거나 잉여자본이 생기면 그걸로 더 큰 판을 벌리고, 또 다른 사업을 전개하고, 그렇게 일자리가 생겨야 다시 소득이 늘어난다는 철학이 담겨 있는 것 같아요.

그래서 일단 감세하겠다, 추가적으로 잉여자본, 초과이익을 더 거둘 수 있는 여지를 더 주겠다는 걸 명시했고요. 게다가 세액공제 부분도 대폭 확대하겠다고 명시해놓고 있습니다. 그래서 이런 것들로 기업들이 더 투자할 수 있는 여지를 만들겠다고 했고요.

그동안 해외로 많은 투자가 이루어졌기 때문에 낙수효과가 없었다는 지적이 있었잖아요. 여기에 해외 아웃소싱 업체보다 미국에서 제조하는 기업에 훨씬 큰 혜택을 주겠다고 명시했어요. IRA법의 구체적인 내용이 정강정책에 들어가 있지 않지만 취지는 IRA법과 동일하죠.

이 다음으로 기업들에게 추가적인 이익을 줄 수 있는 방법 중 하나가 전기요금을 줄여주는 거예요. 요즘 제조 현장의 절반 가까이 전기를 씁니다. 전기요금을 줄이기 위해서, 에너지 생산에 해방이라는 단어를 썼어요. 그러니까 에너지 생산에서 친환경적인 에너지만이 아니라 어떤 에너지라도 지금은 대량으로 생산해야 될 시점이라고 말하는 거죠.

왜냐하면 AI 산업 등으로 에너지 소비량이 극단적으로 늘어나는 상황에서 에너지를 더 많이 생산해서 에너지 독립국가가 되는 것이 지향해야 될 목표라고 생각하는 것이죠. 원자력을 해도 되고요, 셰일은 당연하고, 어떤 것이든 다 할 수 있게끔 하겠다는 겁니다. 그걸 통해서 뭘 하겠다? 저비용 에너지 구조를 만들겠다는 거예요. 이렇게 해서 비용을 줄여 추가적으로 투자할 수 있는 여지를 만들겠다는 뜻이에요.

3장

기술혁신과 인공지능

다음은 기술혁신 부분인데요. 기술혁신 부분에서는 오태민 교수님께서 더 자세히 말씀해 주시겠지만 암호화폐 단속을 종식시키겠다, 그리고 미국 중앙은행에서 디지털화폐에 대해 논의하고 있던 부분을 이제 더 이상 못하게 금지시키겠다, 비트코인 채굴 권리를 보장하겠다는 내용이 이번에 들어갔습니다.

그다음 인공지능 부분입니다. 지금 인공지능 부분의 혁신을 방해하는 행정명령들을 폐지하겠다고 넣어놓았어요.

또한 민간 우주 부문과 정부 부문 간의 파트너십을 강화하겠다는 건데, 이 두 가지를 묶어서 설명드리겠습니다. 미국의 신산업과 방위산업 전략이 크게 바뀌었는데요, 미국의 군사전문가들은 이제 군사 혹은 방위산업을 국가만 온전히 담당하는 것은 비용 효과적이지 않다고 판단하기 시작했어요. 그러니까 민간의 도움을 받지 않고는 효율적으로 국방체계를 업그레이드하기 어렵다는 관점이죠. 이미 국방부나 나사는 스타링크뿐만 아니라 미국의 스페이스X와 같은 민간기업의 미사일 발사체를 이용해 인공위성을 올리고 있잖아요. 이처럼 국가가 했을 때는 도저히 지금 수준으로 인프라를 구축하지 못하기에 민간의 도움을 받는다는 취지가 들어가 있거든요.

그리고 민간에 해당되는 것은 꼭 미국만을 얘기하는 게 아니라 동맹국의 민간 인프라까지 포함해 파트너십을 강화하겠다는 거예요. 아마도 이 효과는 두 가지일 겁니다. 하나는 국방비를 줄일 수 있는 여지가 있다는 부분이고요, 다른 하나는 지금 상황에서 훨씬 더 효율적인 국방 인프라를 제공할 수 있다고 판단한 것 같아요.

요즘 국방 부분에서도 가장 핵심은 '무인화'거든요. 국방예산에서 인건비가 가장 중요한데 무인화를 달성해야 인건비를 줄일 수 있죠. 그런데 무인화를 달성하기 위한 범용기술은 인공지능인데 민주당은 인공지능에 대해서 여러 가지 우려를 하고 있고, 지금 이런 내용을 법안에 담기 시작했어요. 여기에 공화당은 이렇게 하면 기술은 발달하지 못한다, 우리 공화당은 인공지능 혁신을 방해하는 행정명령을 전부 폐지할 것이다, 이렇게 얘기를 한 겁니다.

실제로 미국에서도 이 부분에 대해 요즘 여러 연구들이 많아요. 대표적으로 챗GPT는 민주당 성향이고요, 페이스북을 가지고 있는 메타의 라마는 공화당 성향이라고 밝혀졌어요. 챗GPT하고 라마에게 유권자의 선호도를 확인하는 설문조사를 돌려봤더니 챗GPT는 민주당 지지와 똑같은 성향을 보이고 있고, 라마는 공화당 지지와 똑같은 성향을 보이고 있는 거예요. 그러다 보니 인공지능이 가치중립적이라고 우리가 믿어서는 안 된다는 인식들이 많아지고 있는 상황입니다. 그래서 저는 산업, 세제정책 중에서 대선에 가장 결정적인 영향을 미치는 것은 바로 인공지능이라고 생각합니다. 이번 선거가 분명히 인공지능의 영향을 받은 최초의 선거가 될 게 뻔하거든요.

챗GPT와 라마는 벌써 정치적 성향이 드러나기 시작했어요. 그 선거 결과에 따라서 민주당이 이기면 봐라, 이것 때문에 선거에 질 뻔하지 않았냐, 또는 이것 때문에 이겼지 않았냐 하면서 인공지능을 다시 규제하는 다양한 법을 더욱 고도화할 가능성이 많아요. 반대로 공화당은 그러면 안 된다는 입장이다 보니, 신산업 육성과 관련된 이번 선거의 정책 중에서 가장 큰 갈림길이 될 부분이 인공지능이고, 그 부분을 제일 중요하게 봐야 한다고 저는 생각합니다. 그다음은 세제와 에너지입니다.

4장

청정에너지 vs 에너지 수출국

에너지도 워낙 중요하기 때문에 하나 가져왔습니다. 민주당의 에너지정책은 쉽게 얘기해서 청정에너지 비중은 늘리고 석유는 줄이자입니다. 공화당은 석유, 가스, 원자력 아무거나 상관없이 무조건 에너지만 더 생산하면 된다고 하는 기조로 나눠집니다.

정리하자면, 민주당 정책은 청정에너지를 확대 생산하기 위해 에너지 생산을 효율적으로 하기 위한 보조금 같은 것들이 많이 있습니다. 대표적으로 가전제품과 자동차의 효율 기준을 강화해 배출량과 에너지 비용을 감축하는 정책이 있습니다. 이것이 나중에 어떤 법안으로 이어질 수 있을까요? 미국에도 냉장고 30년 된 것 쓰시는 분들 많잖아요. 그분들의 냉장고는 에너지 효율 등급이 낮아요. 그런데 이걸 새 냉장고로 바꿨을 때 그것으로 인한 에너지 절감 효과가 에너지 생산비용보다 훨씬 더 좋다고 하면 가전제품을 바꾸는 데 보조금을 줄 수도 있어요. 그렇다면 이건 우리나라 기업체에도 상당히 많은 영향을 미칠 수 있는 요소가 되겠죠.

정강정책 비교 : 에너지정책

민주당	공화당
4장: 기후 위기 해결, 에너지 비용 절감, 에너지 독립 • 청정에너지 생산 확대, 석유 지배력 축소, 송전선 투자, 성장 지원 • 가전제품 및 자동차 효율 기준 강화하여 배출량과 에너지 비용 감축 • 저탄소 미국산 시멘트, 철강 자재 사용 의무화 확대(Buy Clean and Buy American) • 2만명 이상 청년을 청정에너지 프로젝트에 고용 • 오염 유발 기업 책임 단속 강화 • 대중교통, 항구, 수로 전기화 추진/건설 및 중공업 산업의 배출 감축 촉진 • 불공정 석유/가스 보조금 수십억불 이상 폐지 • 글로벌 청정 에너지 공급망 구축	• 미국 에너지 증대(1장 內) - 석유와 천연가스 생산 재활성화 - 원자력을 포함한 모든 에너지 생산 해방 - 민주당의 사회주의적 그린뉴딜 정책 종식 • 신뢰가능하고 풍부한 저비용 에너지(3장) - 에너지 생산 허가 절차 간소화 - 미국을 에너지 독립국, 초강대국으로 탈바꿈 • 美자동차산업 부활을 위한 규제 철폐(5장) - 바이든의 전기차 관련 의무 조치(IRA) 무효화, 중국산 차량 수입 금지

- 민주당 청정에너지↑석유↓ vs 공화당 석유·가스·원자력 부활
- 2020년 대선 당시 공화당의 정강에는 청정에너지 개발 촉진이 포함됐으나 이번에는 전혀 언급되지 않은 점. IRA 보조금에 대한 공화당 정강상 직접적 언급은 없으나 전기차 육성에 대한 거부감 표현.

그다음에 저탄소 미국산 시멘트와 철강 자재 사용 의무화 같은 것도 있죠. 이런 것들을 의무화해서 뭔가 새로운 인프라 조성 사업을 하게 될 때, 우리나라 건설기업들이 이런 친환경적인 인

프라에 필요한 신기술이나 신소재를 개발했다면 이것도 기회가 될 수 있는 여지가 많다고 봅니다.

즉, 민주당은 에너지는 당분간 청정에너지로 바뀌어가는 과정에서 극단적으로 많은 에너지를 생산하기 어려우니 기존 에너지를 효율적으로 쓸 수 있도록 제품을 바꾸거나 집과 같은 하드웨어를 바꾸는 것에 대해 좀 더 산업적으로, 에너지적으로 지원할 예정이라고 보시면 될 것 같습니다.

그럼 공화당은 어떻게 되어 있을까. 공화당은 원자력에 대해 이제는 분명 방점을 찍게 될 것이 분명해 보이고요. 그다음은 미국이 에너지 독립국으로 자리매김해서 에너지 초강국으로 탈바꿈을 해야 될 시점이라고 되어 있습니다. 이제 세계에서 에너지를 많이 소비하는 대표적인 국가에서 에너지 자립에다 플러스 알파로 에너지 수출까지 하는 국가로 바뀌고 있는 미국을 볼 수 있어요. 사실 공화당이 이 생각을 갖게 되었던 가장 큰 이유 중 하나가, 동맹국들을 좀 더 자신의 세력 안에 포섭하려고 했는데 동맹국들이 자꾸 뒤를 쳐다보는 거예요, 중국 쪽으로요. 왜 그런가 봤더니 리튬을 전량 중국에 의존하고 있는 거예요. 달리 말하면 2차전지를 비롯해서 에너지를 완비하고 인프라를 구축할 때 중국 도움 없이는 아무것도 안 된다는 걸 동맹국들이 알고 있거든요.

그래서 동맹국들의 완벽한 협조를 얻기 위해서는 에너지도 더 이상 중국을 쳐다볼 필요가 없게끔 만드는 것이 중요하다고 본 거죠. 이런 이유로 에너지 독립은 가스나 석유만을 의미하는 게 아니라 희소금속에 대한 미국 내 생산과 광업개발까지 전부 포함하고 있어요. 이런 것들이 현재 대표적으로 일어나는 일이고요. 이 과정에서 공화당 정강정책이 바뀐 게 있습니다. 2020년 대선 당시 공화당 정강정책에는 청정에너지 개발 촉진도 들어가 있었는데 이번에는 전혀 언급이 안 돼 있고요, IRA 보조금에 대해서도 공화당 정강정책 상에서는 직접적인 언급은 없습니다.

이것은 앞서 토론 때도 말씀드렸습니다만 전기차 육성에 대한 거부감은 분명히 있고요, 그 거부감의 가장 직접적인 표현이 중국산 차량 수입금지입니다. 관세를 올려서 억제하는 게 아니라 그냥 금지라고 써 있어요. 이거 굉장히 강력한 용어입니다. 어떤 법적 근거로 금지를 시킬지 모르겠습니다만 저는 이번 정강정책에 금지라고 써 있다는 게 굉장히 눈여겨볼 일이다, 이렇게 보이고요. 이거는 이따 중국 얘기할 때 까먹을지 모르니까 마저 말씀드리면 중국 입장에서 이게 가장 뼈아픕니다.

중국의 산업육성 전략은 어찌 보면 예전에 한국이나 일본이 했던 것과 똑같이 저가로 규모 있는 생산을 통해서 전 세계 시장을 장악한 다음, 그렇게 생긴 이익으로 기술개발을 하나씩 진행하는 것이거든요. 태양광 산업을 그런 식으로 해서 지금 독자적으로 일괄공정을 하는 융기실리콘처럼 전기차 부분에서도 그걸 하려고 했어요. 그래서 전기차를 어느 나라도 중국보다 더 싸게 만들지 못할 정도로 규모를 엄청 키워놓았는데, 유럽과 미국이 관세 등 여러 가지로 막기 시작하니까 외국에서 전기차 수요가 급감한 거예요.

그래서 중국 내 전기차 소비를 늘리기 위해서, 중국 현지를 가보신 분들은 다 아십니다만 백화점 1층에서 전기차를 팔아요. 우리나라처럼 명품 코너, 화장품 코너가 있는 게 아니에요. 백화점 왔다갔다할 때 전기차를 보고 사라고 하는 거죠. 중국은 전기차 구매 사이클이 한 번 돌았거든요. 그런데도 더 좋은 전기차가 나왔으니 빨리 바꾸라는 신호까지 보내는 거죠.

그것만 가지고는 지금의 전기차 생산량을 소화하지 못하니까 그나마 제3세계 진영이라고 할 수 있는 아세안 시장으로 전기차를 들고 뛰기 시작했습니다. 유럽은 지금 관세를 계속 올려가는 기조이고, 미국은 자국에서 중국산 전기차 수입을 금지하겠다고 하죠. 미국의 마지막 전략은 아마도 아세안 지역에서도 중국산 전기차가 판매되지 못하도록 유도하는 것이라고 생각합니다. 공화당 대통령 후보가 당선된다면, 이번 4년 임기 후반에는 그런 정책까지 계속 입안될 가능성이 많다고 보시면 되겠습니다.

5장

관세정책과 IRA

이제 통상정책을 말씀드리겠습니다. 저는 경제학자이지 정치학자는 아니지만, KDI(한국개발연구원)에서 15년간 정책을 만들었던 경험을 바탕으로 유추해보건대, 특이했던 점이 민주당의 정강정책에는 통상 공약이 없다는 것입니다. 공화당은 미국 우선주의를 강화하겠다고 들어가 있습니다.

그러면 민주당 정강정책에 왜 통상 공약이 생략되어 있느냐. 트럼프가 했던 관세에 대해 후보 시절의 바이든은 분명히 반대했죠. 그런데 실제로 대통령이 된 바이든이 관세를 철폐했느냐 하면 그렇지 않거든요. 여러 가지 이유가 있을 텐데, 하여튼 트럼프와 바이든의 관세정책은 크게 다른 점이 없었어요.

정강정책 비교 : 통상정책 공약

민주당	공화당
• 통상에 관한 별도 공약 없음 **9장: 미국의 글로벌 리더십 강화** • 인도태평양프레임워크(IPEF), 글로벌 인프라 및 투자 파트너십, 아메리카 경제 번영 파트너십, 미국-케냐 전략적 무역 및 투자 파트너십과 같은 양자 이니셔티브 등을 통해 에너지 개발 및 인프라 투자 • EU, 인도, 싱가포르, 한국 등 동맹국과 공동 기술 이니셔티브를 통해 글로벌 기술에 대한 혁신과 공통 규범 제정 • 동맹국과의 협력을 통한 중산층 및 노동자 번영 도모 • G7, 세계은행 등 다자 기관을 통해 경제적, 외교적 파트너십 구축하고 결집	**5장: 불공정 무역으로부터 노동자 및 농부 보호** • 미국 우선 무역 정책 지속 추진, 부정행위 국가에 맞서기 - 외국산 상품에 보편 과세 부과, 트럼프 상호 무역 법안 통과 • 중국으로부터 전략적 독립 • 경제안보를 위해 중요한 공급망 국내로 복귀 • 미국 제품 구매 및 미국인 고용 정책 강화 - 일자리를 해외 아웃소싱하는 기업은 연방정부와 거래 불가 • 제조업 초강국 실현, 제조업 일자리 회복

- 민주당은 통상 공약 생략 vs 공화당은 미국 우선주의 강화
- 공화당은 일자리를 해외로 아웃소싱하는 기업은 미연방정부와 거래를 금지하는 강력한 조치를 취할 것이라고 경고

어떻게 보면 나름대로 효과가 있었거나 아니면 여론에 대한 포용 차원에서 그럴 수도 있었다고 생각합니다. 공화당은 트럼프와 트럼프 측근의 수뇌부들이 정해서 그냥 탑다운식으로 위에서 밑으로 뿌리는 형태인데, 민주당은 의외로 좀 밑에서 많이 듣는 형태로 통상정책이 정해져요.

그런데 관세를 잘못 건드리면 러스트 벨트Rust Belt에 해당되는 지역에서 중국산 저가제품 때문에 우리 일자리가 없어졌다는 인식을 가진 사람들을 괜히 자극할 수가 있거든요. 어떻게 보면 당선에 결정적인 키를 가진 사람들이죠. 그렇다고 이들을 생각해

서 관세를 계속 유지합니다. 또는 더 올리겠습니다 하고 얘기하자니 민주당은 그게 맞지 않다고 생각합니다. 왜냐하면 관세가 실질적으로 경제에 미치는 가중치가 굉장히 줄어들었어요. 일단 세계경제에 디지털 부분이 차지하는 비중이 너무 압도적으로 늘었어요. 그런데 디지털은 관세 부과 대상이 아니에요. 관세는 유형자산에 부과되는 거지 무형자산은 아니거든요. 그러다 보니까 디지털라이제이션Digitalization이 일어나고 유형이었던 게 무형으로 전환되는 부분이 많아 이제 관세로 통제할 수 없는 물류 흐름이 너무 많아졌습니다.

그다음 트럼프가 관세를 부과했더니 어떤 일이 생겼냐 하면 중국에서 테무하고 알리를 들고 나온 거예요. 무슨 말인가 하면요, 이건 정부 사이드에서 일을 해보신 분이라면 아실 거예요. 바로 미소기준(최소허용기준)이라는 건데요. 미국에서는 800달러 이하의 품목에 대해서는 관세와 세금을 부과하지 않습니다. 관세를 실질적으로 부과할 수 있는 행정력이 없기 때문이에요.

예를 들어 중국에서 미국으로 오는 컨테이너선이 하역을 하잖아요. 그럼 컨테이너 박스 몇 개를 선제적으로 열어본단 말이에요. 딱 열어보니 관세 부과가 안 됐어요. 그럼 이거 탈세 아니야? 이거 관세 때려야 됩니다 하겠죠. 이렇게 되면 세관은 조사를 해야 하는데 컨테이너 안에 있는 물건 전체가 한 법인 거면 컨테이너를 열어요. 그리고 법인에 관세를 때리죠. 이러면 행정력이 효율적인 거죠.

그런데 어떤 컨테이너는 열면 이상한 박스와 봉지들이 잔뜩 있어요. 그 박스와 봉지마다 주인이 다 달라요. 소상공들인 거죠. 그런 건 추적하고 관세를 부과해봐야 어차피 얼마 안 되니 세관 공무원들이 건드리지 않아요. 그래서 아예 800 달러 이하는 관세 부과를 안 해요.

중국 기업이 미국에 총판을 만들어서 컨테이너 하나에 물건을 전부 실어서 보내면 이게 중국의 어느 회사 거네 하면서 그걸 열어 전부 다 합해서 관세를 때리겠죠. 그럼 중국 회사는 이 방법으로 하면 안 되겠다, 가격이 비싸지고 관세만 물겠다 하고 생각하겠죠. 관세 부과를 피할 수 있는 제일 좋은 방법은 테무하고 알리를 통해서 보내는 거죠. 그래서 중간 플랫폼인 알리와 테무가 굉장히 성장한 거예요. 알리에서 선적해서 보낸 컨테이너 안에는 수많은 소상공인들의 수많은 물건이 있잖아요. 중국이 이렇게 관세를 피해가는 것까지 미국이 확인한 거예요.

그러니 민주당 입장에서는 관세가 실질적인 효과가 떨어지고 오히려 중국의 저가 상품들이 더 밀려오는 우회로만 확보된 것 같다고 인식하는 게 아닌가. 저는 통상정책이라는 이 중요한 요소가 완전히 생략되어 있다는 건 이렇게 볼 수밖에 없다고 해석합니다.

그 외 다른 것들을 보면 민주당은 인도-태평양 프레임워크를 비롯해 EU, 인도, 싱가포르, 한국 등 동맹국들과 기술 이니셔티브를 통해서 신기술을 개발하고, 이를 통해 동맹을 강화하겠다고 천명했기 때문에 동맹국가들에 추가적인 관세를 비롯해 통상 정책에서 강압적인 모습을 보이지는 않을 것 같습니다.

공화당 정책에는 뭐라고 되어 있냐면 '경제안보를 위해 중요한 공급망의 국내 복귀'라고 되어 있습니다. IRA 법이 언급은 안 되어 있지만 IRA 법과 똑같은 거잖아요. 그래서 트럼프도 무조건 IRA 법은 그냥 받아서 가져갈 것 같아요.

6장

미국의 마지막 퍼즐은, 제조업 초강국

그다음에 제조업 초강국 실현과 제조업 일자리의 회복, 이게 또 중요한 건데요. 다음의 그림은 전 세계 지도를 특정 산업 관점에서 영토 표시를 한 건데요.

지금 보시면 미국의 붉은색과 나머지 대부분의 국가가 다 동일하고 중국과 북한, 그리고 시리아 정도만 은회색으로 표시가 되어 있죠.

저게 어떤 산업을 영토로 표시한 거냐면 미디어콘텐츠 산업, 더 쉽게 말하면 OTT죠. 저희 어렸을 때만 하더라도 우리나라 드라마를 보거나 교양 프로그램을 보려면 TV 수신료만 내면 됐어요. KBS, SBS, MBC밖에 없었으니까요.

코로나 19 이후 더욱 강화된 달러 중심의 경제 시스템

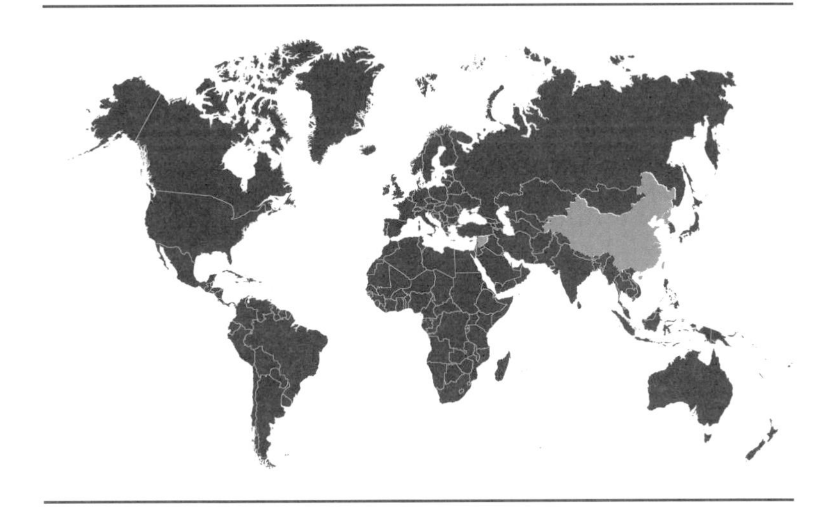

그런데 이제는 우리나라 사람들이 우리나라 드라마를 보려고 해도 달러가 필요하게 됐어요. OTT를 이용해 넷플릭스나 디즈니플러스를 보죠. 쉽게 얘기해서 코로나19 이후 전 세계가 달러 중심의 세상으로 가속화되고 있어요. 그런데 안방에서 드라마 볼 때만 달러가 필요한 게 아닙니다.

8월에 제가 제주도로 출장 가기 위해 우리나라 저가 항공기를 이용했는데 갑자기 발권이 안 되는 거예요. 그래서 이유를 물었더니 그 항공사가 MS서버를 이용하고 있는데 그게 다운이 돼서 지금 발권이 안 된다는 거예요. 세상에, 우리나라 국적의 항공기도 MS서버를 사용해 달러를 내고 있었던 거예요.

그리고 오늘 급하게 송금할 게 있었습니다. 우리 시중은행을 이용했지만 앱스토어에 있는 앱으로 송금했으니 여기에도 수수료가 달러로 나가죠.

무슨 말이냐 하면 일상생활의 a부터 z까지 전부 달러 기반으로 전 세계가 바뀌어버린 거죠. 그러니 미국 입장에서 남은 숙제는 하나죠. 디지털 중심이라는 건 달리 말하면 제조보다 서비스 영역이 훨씬 더 크지 않습니까?

이제 제조만 미국으로 가지고 오면 모든 산업을 장악할 수 있습니다. 그래서 공화당은 제조에 그 어느 때보다 방점을 많이 찍었고요. 제조업 초강국 실현이라고 명시가 되어 있는 거예요. 우리나라 같은 제조 중심 국가들 입장에서는 이게 굉장히 무서운 거예요. 제조마저 가져가겠다는 얘기가 되는 거거든요.

저는 요즘 증시를 '후기 유동성 장세'라고 불러요. 학술 용어는 아니고 제가 지칭하는 용어입니다. 위기 극복하려고 금리를 낮추고 유동성 계속 공급할 때는 대세 상승장이에요. 그땐 뭘 사도 나름대로 수익을 거둬요. 그런데 위기 다 끝나고 나면 금리 올리고 물가 잡으려고 긴축으로 들어가거든요. 그러면 대세 상승장은 끝나요. 이때부터 옥석을 가려야 되는데 그때 갑자기 다 유동성이 확 줄어드느냐? 아니죠.

유동성 뿌린 걸 회수하는 데는 시간이 오래 걸려요. 또 갑자기 판세가 바뀌면 오갈 데 잃은 엄청난 유휴자본들, 아직 다 회수하지 못한 자금들이 괜찮아 보이는 특정 섹터나 특정 산업에 몰빵하면서 몰리게 되는 현상이 생기는데 이걸 저는 '후기 유동성 장세'라고 불러요.

미국은 제조하는 국가가 아니고 빅테크 중심의 국가니 AI에 방점을 찍고 AI 반도체 회사 등 AI 관련된 회사의 주가가 계속 날라간 거죠. 2023년 연말부터 해서 2024년 현재까지 미국은 진짜 AI 관련된 회사들 시총이 어마어마하게 커졌고 그 중심에 엔비디아가 있었던 거죠.

그런데 한국도 후기 유동성 장세예요. 한국은 인공지능하는 나라가 아니에요. 한국은 제조하는 나라죠. 제조하는 우리나라에서 미래지향적인, 뭔가 가능성이 있어 보일 테마와 섹터가 2차전지와 전기차였어요. 그래서 에코프로비엠부터 막 급등하기 시작했고 전기차 관련된 포스코까지 그렇게 달렸던 거죠. 그런데 우리나라의 2차전지와 전기차는 이거 시간이 좀 걸릴 것 같은데? 바로 단기 수익 실현이 쉽지 않겠는데? 성과와 실적으로 이어지기가 조금 시간이 걸리겠는데? 그래서 주가가 좀 빠지거나 주춤한 걸로 바뀐 거고, 미국은 이제 AI에 대해 어떻게 판단하는지에 따라 주가가 2025년에 더 달리느냐가 결정되겠죠.

그런 관점에서 아까 말씀드렸던 대로 이번 선거는 AI가 영향을 미치는 최초의 선거가 될 텐데, 그 영향이 얼마나 부정적으로 인식되느냐에 따라서 갑자기 확 옥죌 수도 있어요. 지금 S&P 500에서 한 30%가 빅테크들이죠. 아마 그 정도 될 것 같습니다.

그러니 이 절대적인 비중을 차지하고 있는 애들을 자유롭게 활보하게 해줄 것이냐, 아니면 위험한 거니 천천히 가자고 판단하는지에 따라 미국 증시도 영향을 받을 거라고 봅니다.

마지막으로 대중국 정책입니다.

7장

점점 강해질 대중국 압박

대중국 정책에서 민주당은 동맹국과의 파트너십을 강화해서 중국에 대한 영향력을 확대하려는 모습을 보이고 있고요. 덧붙여 AI 가이드라인 등 새로운 분야에서 필요시 협력하겠다며 중국을 인정은 하고 있어요. 중국 없이 독자적으로 완벽한 밸류체인을 지금은 당분간 못한다고 생각합니다. 그래서 일부는 파트너십을 맺지만 기본적으로 민주당도 강경 노선인 건 분명합니다.
그런데 공화당은 훨씬 더 강경하죠. 중국의 최혜국 대우 지위를 철회하겠다, 중국산 전기차 수입을 금지하겠다고 합니다. 또한 중국이 미국 부동산이나 기업을 사들이는 것조차도 못하게 하겠다는 거예요. 민주당이 단계적인 단절이라면 공화당은 극단적인 단절입니다.

정강정책 비교 : 대중국 정책

민주당	공화당
중국과의 전략적 경쟁 • 중국과 디커플링(분리)이 아닌 디리스킹(위험 완화)하여 미국의 이익과 가치를 옹호하면서도 중국과의 관계에서 안정성 유지 • AI, 반도체, 양자컴퓨팅 등 첨단기술의 중국 수출 및 접근 제한 • 철강, 알류미늄, 반도체, 전기차, 배터리에 대한 對중국 관세 인상 • 다만 트럼프의 중국산 제품에 대한 60% 관세 부과 방안에 대해서는 비판적 • 핵심 광물과 기술을 위한 공급망을 중국으로부터 리쇼어링 • 동맹국과 파트너십 강화를 통한 중국의 영향력 확대 견제 • AI 가이드라인 등 새로운 분야에서는 필요시 협력	**중국으로부터의 전략적 독립** • 중국의 최혜국 대우 지위를 철회 • 필수 재화의 중국발 수입 단계적 중단 • 중국이 미국 부동산과 기업을 사들이지 못하도록 조치 • 중국산 차량 수입 금지

여기서도 더 중요한 변수가 있습니다.

그동안 미국에서 중국을 위해서 가장 크게 목소리를 냈던 곳은 누구냐 하면 미국 기업이었어요. 계속 말씀드리지만, 미국은 금권정치가 판을 치는 곳이거든요. 그러면 미국 기업인들이 어떤 대통령 후보에게 정치자금을 기부할 때 미국 내에서 비즈니스를 잘하기 위해서만 기부하는 게 아니라, 중국을 위해서 기부를 해줄 때가 있어요. 무슨 소리냐 하면 중국의 지방 공공기관이나 국가가 가지는 공기업들은 미국 대통령 후보에게 직접 리베이트를 못 줘요. 그랬다가는 오히려 역풍이 불겠죠. 중국 애들이 그 후보에게 정치자금을 기부했다고? 그럼 오히려 반감을 사잖아요.

그래서 어떻게 하냐 하면 미국 기업들 중에서 중국에서 활동

하기를 희망하거나 더 많은 성과를 내기를 희망하는 애들의 옆구리를 찔러요. 야, 너네 대통령 후보가 우리 이렇게 괴롭히는 거야, 니가 가서 말 좀 해줘. 그럼 너 중국에서 이런 사업할 때 사업권 줄게, 또는 이 물건 우리 중국에서 많이 사줄게, 이런 관계가 있어요.

그래서 2007년 이전에 미국 대통령 후보들에게 중국을 위해서 가장 많은 정치자금을 기부했던 1등 기업은 AT&T고요. 2등이 보잉이에요. 일단 왜 1등이 AT&T냐? 그들이 보기엔 중국이라는 저 어마어마한 나라는 하나의 성이 한 국가급 규모잖아요. 저 국가급 성들이 이제 개혁개방을 해서 전 세계로 들어온다고 가정하면 중국은 이동통신 사업을 하기에 너무 좋은 국가인 거죠. AT&T가 들어가서 중국의 몇 개 성에서만 이동통신사업권을 가지고 사업해도 떼돈 버는 거예요.

그런데 당시는 1990년대 초중반이었고 빌 클린턴 민주당 정권이었어요. 당시도 중국의 인권문제라든가 이런 걸 통해서 중국산 제품을 옥죄자는 얘기가 있었어요. 물건 좀 팔아보려고 했던 중국에서는 AT&T에 빌 클린턴 정권 수뇌부에서 이런 소리를 하니 이걸 좀 막아달라는 부탁을 했고, AT&T는 그걸 대가로 중국의 몇 개 성에서 이동통신사업권을 받아가려고 했죠. 결국 몇 군데 받기는 받았는데 성과를 못 내고 철수했죠.

여기에 대해서는 중국 정부와 AT&T의 얘기가 달라요. AT&T는 우리는 이용만 당했다고 하고, 중국 정부는 우리는 기회를 줬는데 니가 못한 거라고 말하죠.

AT&T에 이은 두 번째가 보잉이에요. 보잉도 간단했죠. 저 엄청난 국가가 이제 국제사회에 나온다고? 그럼 항공물류 해야겠네. 그리고 저 나라는 엄청나게 큰 나라이기 때문에 내륙운송에서도 항공운송이 큰 비중을 차지하겠네. 그런데 항공은 그 나라의 주력기가 보잉이냐 에어버스냐에 따라서 항공 정비업부터 항공 정비교육까지 편재가 다 바뀌어요. 그래서 초기에 들어가는 게 제일 중요하니 보잉은 비행기를 대거 팔 기대감으로 중국 관료들에게 잘 보이기 위해 미국 대통령 후보들에게 로비를 했습니다. 결과적으로 이 두 회사들 모두 탈탈 털렸어요. 이 학습 효과로 그 뒤부터 미국 기업들이 미국 대통령 후보들에게 중국을 위해 로비를 하지 않습니다. 대통령 후보에게 가서는 중국에 대해 너무 고압적으로 하지 마세요. 그리고 중국에 가서는 보셨죠? 제가 돈 내서 이거 해결된 거, 저 이제 중국에서 장사 편하게 합니다. 이 맥락이 다 끊겼어요.

오히려 큰 돈 벌었던 회사는 그동안 중국을 위해 정치자금을 한 푼도 기부하지 않았던 애플입니다. 폭스콘에서 싸게 생산해서 중국 내부에서 엄청 팔고 전 세계에도 팔았는데 애플은 중국을 위해서 기부 안 했거든요. 그런데 큰 성과를 냈죠. 그럼 기부한 사람과 기부 안 한 사람은 무슨 차이가 있나, 이렇게 된 거예요.

제 소견입니다만, 저는 미국 기업인들 중에서 중국을 위해 마지막으로 기부한 사람으로 평가받을 사람이 '일론 머스크'라고 생각해요. 트럼프가 될 것 같은 시점에 가장 먼저 가장 큰 돈을 질렀거든요. 원래 개국공신은 제일 먼저 온 사람이 개국공신이잖아요.

많은 사람들이 일론 머스크의 지지를 해석할 때 트럼프가 미국 내에서 전기차 못 팔게 하려니까 그러나 보다 하는데 그것만 위해서 돈을 준 게 아니에요. 테슬라는 가장 많은 전기차를 중국에서 팔고 있는데 만약 중국 내에서 반미감정이 생기면 테슬라 자동차부터 작살나죠. 게다가 공장이 또 중국에 있어요. 그러니 산업기반 자체가 중국에 있는 회사라고 해도 과언이 아닌데, 중국에 도움이 되도록 내가 노력했다는 제스처를 취하지 않으면 그 뒷감당을 못하는 거거든요.

이렇게 일론 머스크까지도 돈을 엄청 많이 기부했는데 중국 사업에서 뭔가 큰 호의를 못 받았다가 되면 이제 미국의 경제계에서는 중국을 위해 정치자금을 기부하는 움직임이 완전히 없어질 거예요. 그동안 그나마 제어해준 건 미국 기업이 중국에 제발 그만 좀 하세요. 이런 분위기가 있었기 때문에 속도가 이 정도였던 거죠. 앞으로 미국의 대중국 정책들은 훨씬 강도 높고 고압적이고 강압적인 분위기로 더욱 가파르게 흘러갈 가능성이 높습니다. 무척 중요한 단계라고 봅니다.

토론

discussion

김광석 : 아주 좋습니다. 아마도 더 많은 정보를 여러분께 전달하고 싶은 욕심에 길게 해주신 것 같아서 너무 감사합니다. 먼저 오태민 교수님께 질문을 좀 요청드리도록 하겠습니다.

양당의 정책기조에 있어서 핵심 중에 하나가 대중국 통상정책이나 외교정책인데, 트럼프가 당선이 될 시 혹은 해리스가 당선이 될 시 중국에 대한 강경한 입장이 어떤 구도로 펼쳐질지가 가장 궁금합니다.

특히 대만해협을 두고 전쟁 발발 가능성이라든가 아니면 긴장감이 더 극단적으로 조성된다든가 또는 미국 항공모함이 대만해협 앞으로 이동을 한다든가 하는 시나리오들을 그려볼 수도 있을 텐데요. 이런 시나리오의 가능성이라든가 또 군사지정학적으로 봤을 때 양 후보가 당선됐을 때 중국에 대해서 어떤 강경한 움직임을 보일 것으로 생각하시는지 궁금합니다.

오태민 교수 : 저는 공화당의 트럼프라는 인물의 캐릭터가, 동맹국들과 국제정치학에서 수정주의라고 부르는 중국과 이란을 포함한 현상변경 국가들에게 미치는 영향이 있다고 봐요.

공화당의 정강정책도 있겠지만 트럼프라는 개인의 어떤 독특한 캐릭터가 있죠. 트럼프라면 능히 대만하고 중국 사이에 항공모함을 갖다 놓을 수 있는 그런 사람이다. 이때까지 암묵적으로 그렇게는 안 했거든요. 그런데 이건 중국이 제일 싫어하는 거죠. 우리나라 서해안에 항공모함 들어오는 거 중국이 싫어하잖아요. 트럼프는 할 수 있죠. 그런데 그것이 오히려 전쟁을 막을 거라고 보고 있어요.

저는 사실 해리스가 대통령이 되느냐 트럼프가 되느냐에 따라 대만 위기가 고조된다고 보지는 않고, 오히려 다른 시나리오가 있다고 보고 있어요.

다른 시나리오는 심각한데, 트럼프가 박빙으로 안 됐을 경우에 트럼프 지지 진영에서는 선거의 공정성 문제가 나올 거고 거리로 수백만 명이 나올 가능성이 있습니다. 만약 미국이 심각한 내전 상태로 갈 경우에 그것이 한 4~5개월 지속이 되면 시진핑 주석이 대만을 도모할 가능성이 있습니다.

이것은 제가 한 말이 아니라 5년 전에 미국 국방부에서 나온 워게임wargame의 어떤 시나리오 중에 하나인데요, 2025년 위기설이 있고 2027년 위기설이 있는데 2027년은 미국과 무관하게 시진핑의 4연임을 두고 벌어지는 일이고요. 2025년 위기설은 미국 대선에서 한쪽이 확실한 표차로 이기지 못했을 경우에 일어날 수 있는 내전 상태를 말하거든요.

그런데 지금 그 시나리오가 굉장히 높아지고 있어요. 왜냐하면 해리스의 등장부터가 상당히 음모론적으로 보이고, 또 트럼프 진영 입장에서 보면 주류 언론이 해리스 쪽으로 완전히 기울어 있잖아요. 사실상 트럼프 진영에서는 투표함 조작처럼 극단적인 건 아니더라도 환경 자체가 너무 기울어져 있다고 보는 거죠.

국가에 여러 기능이 있지만 제일 중요한 기능은 국민을 통합하는 거잖아요. 다른 걸 아무리 잘해도 국민통합을 못하면 내전으로 갈 수밖에 없는데, 제가 보기에는 이번 선거가 어떤 면에서 미국의 한계점인 것 같아요. 그러니까 통합이 안 됐을 경우에 대만 위기가 치솟겠죠.

김광석 : 심각한 시나리오가 나올 수도 있는 거네요?

오태민 : 오히려 트럼프가 당선되면 내전으로는 안 갈 것 같습니다. 물론 캘리포니아나 뉴욕 같은 해안 지역들, 부유하고 IT가 발달한 빅테크 기업들의 근거지에서는 독립운동이 일어나긴 할 거예요. 그래도 이건 국지적이죠. 그런데 만약 트럼프가 아주 애매하게 진다면 미국 전역에서 불복 운동이 일어날 수 있죠. 트럼프 지지자들은 전통적인 미국인들이기 때문에 총기를 갖고 있어요. 그러면 미국 정부가 주 방위군을 투입하겠죠. 이런 혼란이 만약

에 지속될 경우에는 아마도 서태평양은 굉장한 위기로 가게 되는 거죠.

박정호 : 저도 관련해서 말씀을 드리면요, 미국 입장에서는 이 둘 중에 뭘 더 희망할까 한번 생각해보시면 답이 분명해질 것 같습니다. 대만을 완벽하게 가져간 중국인데 이빨 빠진 중국, 그러니까 산업적, 경제적으로 위축된 중국과 대만은 못 가져갔는데 산업적, 경제적, 군사적으로 강력한 중국 중에서 미국은 어떤 걸 원할까요? 대만을 가져갔지만 산업적으로 힘이 빠진 중국, 대만을 기준으로 200 해리의 영토를 더 가져간 중국이 사실 미국 입장에서 더 콘트롤하기 쉬워요.

그러면 대만의 전략적 가치가 뭐냐 했을 때, 요즘 제일 중요한 요소로 떠오르는 것은 딱 하나죠. 반도체, TSMC. 그래서 사실 저는 요즘 미국 정부와 미국 기업들이 보이는 여러 행태들의 뒤에 미국 정부의 큰 포석이 있다고 생각하는데요.

2024년 5월 말에 컴퓨텍스라는 대만 IT 박람회가 열렸습니다. 그 박람회가 끝나자마자 뭐가 발표됐냐 하면, AMD 리사 수 대표는 50억 대만 달러를 투여해서 아시아 최초로 R&D 연구센터를 대만에 건립하기로 했고요. 그다음에 구글도 하드웨어 R&D 센터를 대만에 건립한다고 발표했고, TSMC하고는 오래전부터 길드인 엔비디아도 1,000여 명이 근무하는 연구센터를 대만에 건립하겠고 한 거예요.

저도 오태민 교수님처럼 생각하거든요. 대만은 리스크가 있는 곳인데 여기다가 이걸 왜 건립하느냐? 사실은 여기에 굉장히 중요한 포석이 깔려 있다고 저는 생각해요.

뭐냐 하면 홍콩을 보고 미국이 엄청난 학습을 했거든요. 홍콩이 중국에 편입되기 한 3~4년 전부터 어떤 일이 일어났냐면 홍콩의 가장 큰 산업기반 중 하나인 홍콩 영화계의 핵심 인적자원이 전부 할리우드로 가요. 그 이후부터 성룡은 할리우드로 가서 재키 찬으로 영화 찍고, 오우삼 감독은 할리우드에 가서 '페이스오프'라는 영화를 찍었어요. 그다음 홍콩영화의 무술 스턴트 홍가반 성가반 애네들도 할리우드로 넘어갑니다. 매트릭스의 그 독특한 무술을 홍가반 성가반 홍콩 스턴트 팀들이 짜준 겁니다.

그 뒤로 어떻게 됐느냐? 쉽게 말해서 홍콩에 이제 영화산업 없어요. 의미 있는 수준에서는 없어요. 요즘 누가 예전처럼 홍콩영화 봅니까? 주윤발도 가고 다 갔잖아요. 할리우드는 홍콩의 노하우와 인적자본마저도 가져가버린 거예요.

미국은 바로 그걸 하려는 거죠. 미국은 베트남전을 포함해 중국보다 훨씬 더 약한 국가와도 전쟁을 해서 완벽하게 이긴 적이 없어요. 아프가니스탄에서도 20년 만에 백기투항으로 아무 조건 없이 나왔어요. 그런데 중국하고 전쟁을 해서 반드시 이긴다? 그런 오만한 판단은 아무도 안 할 겁니다.

그렇다면 원하는 거는 딱 하나예요. 이빨 빠진 대만을 가진 중국으로 만들어도 되는 거예요. 그러면 대만에 문제가 생겼을 때 반도체 산업의 우수 인력들이 미국으로 오게끔 하는 더 많은 루트를 만들어주면 되죠. 그래서 미국 본토에 TSMC 공장을 미리 지어놓은 거죠. 또 미국 기업과 이미 일을 해본 선배들이 나 AMD에서 일하고 있어, 구글에서 일하고 있어, 인텔에서 일하고 있어, 야 너도 같이 가자, 이렇게 인적자본들을 포섭해서 데려가려는 루트로 대만에다 투자를 하는 것이지, 대만을 수성해서 어떻게든 중국에 돌려주지 않겠다는 그런 오만한 판단을 미국이 하지는 않을 거라고 저는 생각합니다.

김광석 : 그런 두 가지 시나리오가 섬뜩하고 어떤 식으로 전개될지 참 궁금한 것들이 많아집니다. 그러면 대중국 정책뿐 아니라 각종 산업정책, 경제정책 이런 것을 고려했을 때 박세익 대표님 입장에서는 어떤 피드백을 말씀해주실 수 있을까요?

박세익 : 저희가 주식투자를 할 때 애널리스트 리포트의 목표가라든지 매수 의견이라든지 이런 걸 보고 투자를 하면 수익이 안 나잖아요. 안 나는 이유가 이 어마어마한 지정학적인 문제라든지 이런 미래가 주가에 다 반영이 되면서 움직이는 거거든요. 재무제표 아무리 분석해봐야 답이 안 나옵니다. 그래서 저는 이런 얘기가 너무 좋고요. 오늘 이 자리에 너무 잘 왔다고 생각합니다. 박교수님, 오교수님, 김교수님이 말씀하신 것처럼 비즈니스 구조를 뜯어보는 것보다 큰 그림에 대한 방향이 세워졌을 때 우리가

주식의 변동성을 이길 수 있거든요. 그래서 이런 모임을 좀 자주 가져야 되겠다는 생각을 했습니다.

저 같은 경우에도 투자를 할 때 약간 톱다운 방식으로 합니다. 트럼프가 되든 해리스가 되든 미국의 대통령 위에 연준이 있고, 연준 위에 어떤 빅브라더가 있다고 저는 생각해요. 그런 존재가 있다고 생각해서 미국의 국익, 미국의 달러패권, 미국의 기술패권을 유지하고 있다고 봅니다. 결국 패권을 쥐고 있는 나라가 앞으로도 100년을 지배할 겁니다. 이제 그런 관점에서 그동안의 닷컴 혁명부터 PC 혁명, 지금 우리가 겪고 있는 이 AI 혁명까지 모두 그 맥락에서 해석을 해야 한다고 생각합니다.

그런데 최근에 대만에다 미국 기업들이 투자를 했어요. 왜? 대만은 버리는 카드 아니었나? 그리고 워런 버핏이 TSMC를 샀다가 6개월 만에 팔았어요. 왜 파셨어요라고 물었을 때 I don't like the location. (아, 거기 위치가 좀 안 좋아) 하면서 살짝 힌트를 줬잖아요. 대만이 언제든지 중국의 공격을 받을 수 있는데, 미국은 기술패권을 이어가야 하는 미국의 빅테크 기업들이 전부 다 TSMC에다 파운더리를 맡기고 있는 상황입니다.

그래서 저 역시 그런 생각을 했거든요. 저렇게 계속 중국 때리기를 하면, 빡친 중국이 한 방에 미국 기술패권에 큰 타격을 줄 수 있는 게 TSMC 공장이잖아요. 그러면서 우리가 미사일 발사 실험하다가 잘못 날라갔어. 우리가 실수한 거야. 이건 우리가 의도한 거 아니야. 이럴 수 있는 거잖아요. 거기에 대비해서 미국이 선제적으로 TSMC에 일본에 공장 짓고 미국에도 공장 지어라 했다고 저는 생각했습니다. 방금 구글, AMD, 엔비디아의 R&D 연구소가 대만의 인력들을 나중에 한 방에 미국으로 끌고갈 수 있는 그런 큰 포석이라고 배우면서 전체적인 큰 그림이 좀 그려졌습니다.

시진핑 집권 전에 후진타오가 있었고 그전에 장쩌민이었잖아요. 그때 만들어진 중국의 상위 1% 부자들이 시진핑의 강압적인 정치 때문에 지금 많이 빠져나오고 있잖아요. 그래서 저는 어떻게 보면 그런 것도 미국의 의도다, 왜냐하면 소련과의 우주 경쟁에서 우리가 이겨야 된다고 했던 게 1980년대 레이건 대통령 때예요. 그런데 소련이 해체된 후 러시아는 굉장히 후진나라가 됐는데 그 이유가 독재잖아요. 독재국가에서는 기술혁신이 일어나지 않는다고 합니다. 저는 미국이 일부러 시진핑의 독재가 되게끔 오히려 중국을 유도하고 있다는 생각을 해요.

그렇게 해서 결국은 중국이 러시아처럼 될 거라고 생각합니다. 과거에 소련이 무너지는 과정에서 미국이 썼던 정책이 유럽 쪽에서는 독일을 키우는 것이었습니다. 그때는 서독하고 동독이 었는데, 서독을 키워 경제적 격차를 만들자 동독이 무너졌고 폴란드까지 무너졌잖아요. 그리고 지금은 그때의 서독, 동독과 매우 비슷한 한국과 북한이 있습니다. 한국, 일본, 대만을 잘살게 만들면서 중국을 가둬놓는 모습입니다. 그리고 2014년에는 홍콩에서 우산 혁명이 일어났고, 지금 신장 위구르 자치구에서는 이슬람 탄압 문제가 지속되고 있죠. 신장 위구르 자치구와 인접한 아프가니스탄에서 미국이 철수하면서, 아프가니스탄의 이슬람 세력이 신장 위구르를 공격하도록 유도하는 그런 의도가 있다고 생각합니다.

저는 미국의 큰 전략 중 하나가 소련을 무너뜨렸듯이, 다민족 국가인 중국을 겨냥해 한족 중심의 러시아와 같은 나라로 만드는 것이라고 생각합니다. 그래서 여러 방면에서 중국을 붕괴시키는 그런 시도를 하고 있다고 봅니다.

그런 큰 그림 속에서, 박정호 교수님이 달러 세계지도에서 결국 세계는 이미 달러 경제권으로 거의 바뀌었다는 말씀을 하셨습니다. 우리나라 투자자분들도 수준이 매우 높아져서 금투세 때문만이 아니라 미국 정부가 미국 기업이 전 세계를 지배할 수 있도록 초당적으로 지원하고 있다는 점을 알게 되면서, 미국 기업에 투자하는 게 굉장히 안전하다고 느끼게 됩니다. 그래서 요즘 서학개미들이 미국으로 투자를 많이 하는 모습이 나타나고 있습니다. 다시 말해 단순히 재무제표만 뜯어보는 식의 투자는 이제 더 이상 통하지 않고, 이렇게 큰 지정학적인 흐름까지 이해해야 장기적인 투자에 대한 올바른 의사결정을 내릴 수 있음을 다시 한번 느꼈습니다.

김광석 : 짧게 코멘트를 드리자면, 미중 간 패권전쟁이든 현재 미국의 경제정책이든, 근본적인 목표는 US 엑셉셔널리즘

exceptionalism, 즉 미국 예외주의를 추구하는 것으로 보입니다. 세계경제는 저성장 고착화되는데 미국이 다 해먹겠다는 방향으로 움직이는 모습이고, 민주당이든 공화당이든 방법론적으로 조금 차이만 있을 뿐 지향하는 바는 매우 유사하다고 저는 더 체감하게 됐습니다.

특히 산업적인 관점에서는 인공지능, 반도체, 전기차 이 3대 부문에 걸쳐서 무역전쟁과 패권전쟁이 이루어질 것이라고 보고 있습니다. 특히 앞에서 공화당의 경우 중국산 전기차 수입을 금지하겠다는 방향성을 제시했는데, 이를 실현하는 방법 중 한 가지는 중국산 전기차에 대해 100% 관세를 때리는 겁니다. 이미 관세를 때리겠다고 트럼프도 선언했기 때문에, 이것만으로 중국산 차량 수입은 금지가 가능해질 것 같고요. 그게 아니더라도 안보를 명분 삼아 이미 몇몇 중국산에 대해서 금지하는 방식처럼, 특히 데이터라든지 미국 안보와 개인정보 유출 우려를 그런 명분으로 앞세울 수 있습니다. 자동차는 더 이상 기계가 아니라 전자제품으로 변화했습니다. 중국산 자동차가 주행 데이터나 개인정보를 수집할 가능성이 있다고 판단할 것이기 때문에 이런 이유로 수입을 금지할 수도 있겠다 하는 생각도 합니다.

우리가 여러 가지 조망해야 될 것들은 많지만, 결국 이런 변화들이 전기차 산업에 어떤 영향을 미칠지 매우 궁금해집니다. 우선 2024년은 테슬라가 그동안 미국 전기차 시장에서 70~80% 정도의 시장점유율을 유지하다가 처음으로 50% 아래로 떨어진 해입니다. 중국이 과잉생산 전략과 공격적인 가격 전략을 취하고 있는 와중에, 폭스바겐이 흔들리는 모습을 확인할 수 있었습니다. 이렇게 자동차 산업에 있어서 상당한 지각변동이 일고 있는데, 이러한 변화가 한국 자동차 기업 입장에서는 기회가 될 수도 있고 위협이 될 수도 있겠죠.

마지막으로 질문드리겠습니다. 중국산 전기차 수입금지 전략을 꾀하는 공화당뿐만 아니라 민주당 역시 비슷한 전략을 취할 거라고 생각합니다. 두 당 모두 중국에 대해 강경한 태도를 갖고 있으니까요. 이런 결과가 중국의 전기차 산업의 행보에 어떤 영향을 미칠지, 그리고 그 과정에서 한국에는 어떤 기회와 위협이 있을지 혹시 생각하는 부분이 있으시다면 마지막으로 질문드리겠습니다.

박정호 : 이게 적절한 비유인지는 모르겠는데요. 미국이 합리적인 선택을 내린다고 가정하면, 전기차 정책을 몇 년 뒤로 미룰 가능성이 높아요. 이게 좀 나쁜 비유일 수도 있는데 쉽게 설명하면 대기업이 중소기업 힘을 빼는 방법과 비슷합니다.

대기업이 조만간 발주를 엄청나게 할 계획인데, 준비할 수 있겠어요? 하며 중소기업에 묻고, 중소기업이 저희가 납품할 수 있게 해주십시오, 한다고 해요. 대기업은 우리가 월간 10만 개씩 쓸 건데, 할 수 있겠어요? 합니다. 그 말을 믿고 중소기업이 공장을 크게 지어놓잖아요. 그런데 갑자기 대기업이 당분간 발주 안

할 것 같다고 하면 중소기업은 진짜 주저앉아 피눈물 흘리게 되죠. 우린 망했어. 어떻게 해? 하고 있는데 그제서야 대기업이 원래 납품하기로 한 것의 절반으로 줄일 수 있겠습니까? 하면 중소기업은 파산 위기에서 벗어나기 위해 어쩔 수 없이 수락하게 되는 거죠.

무슨 말이냐 하면 큰 기회가 있을 줄 알고 공장을 크게 지어놓은 기업에게 공장이 텅텅 비거나 가동되지 않는 상황은 정말 무서운 일이거든요. 반면에 큰 기회가 안 올 것 같아서 소규모 공장을 지은 상황에서 너 안 한다며? 접자, 하는 결정은 쉽게 내릴 수 있어요.

그런데 코로나19 이후 전 세계가 전기차로 강하게 드라이브를 걸 것처럼 보여서 중국도 과거 태양광 때처럼 어마어마하게 설비투자를 하고 각종 인허가를 내주며 다 해봐, 저기 배터리 만드는 너도 하고 휴대폰 만드는 너도 하고 건설회사 하는 너도 해봐, 하는 식으로 전기차 산업에 모두 쏟아붓고 모두 전기차 산업에 뛰어들도록 했습니다.

그런데 지금 미국 자동차회사들은 어떠냐? 2023년 기준으로 포드만 전기차 부분에서 8조 원 적자일 거예요. 아직 준비들도 안 돼 있어요. 그런데 이 상태에서 전기차 사라고 보조금을 준다? 그럼 누구에게 혜택을 주는 거예요? 중국에게 주는 거죠.

그래서 방법은 간단해요. 생각해 보니 화재 위험도 있고 인프라 문제 등 여러 가지 이유로 잠시 저희 미국은 숨고르기 좀 하겠습니다, 하며 보조금을 없애지는 않지만 대폭 줄이거나 전체 펀딩을 축소하는 방식으로 속도 조절에 들어가는 거죠. 그렇게 되면 그 사이에 중국 전기차 회사들은 고사될 위험이 큽니다. 그러면 새로운 기회가 생기는 거죠.

그래서 저는 중국 전기차가 잘나가면 잘나갈수록 미국이 전기차 전환의 속도를 오히려 늦출 것이라고 생각합니다. 중국도 이걸 알아요. 한편 유럽은 그 사이에 관세를 또 올려버립니다. 그래서 이제 유럽과 미국에 중국 전기차를 팔기가 점점 어려워지고 있습니다. 게다가 중국 내수시장도 상황이 좋지 않아 중국은 동남아시장까지 진출하며 어떻게든 활로를 찾아보려고 처절한 노력을 하고 있습니다.

김광석 : 긴 시간 양 후보의 정책 방향이 어떻게 펼쳐질 것인지 그걸 통해서 세계의 정세 혹은 산업의 흐름이 어떻게 뒤틀릴 것인지를 가늠하기 위해서 발제와 토론을 했습니다.

TRUMP 2.0

TRUMP 2.0

★★★★★

3부

트럼프 2.0 시대의 지정학과 비트코인

오태민(건국대 교수)

TRUMP 2.0

1장

트럼프가 암호화폐를 지지하는 이유

트럼프 전 대통령이 비트코인에 대해서 굉장히 친화적인 발언을 많이 하고 있습니다. 7월 말에 내슈빌에서 열린 비트코인 2024년 콘퍼런스에서는 자기가 집권할 경우에 미국 정부는 비트코인을 전략적으로 비축할 것이라고 했고, 그다음에 미국을 암호화폐와 비트코인의 세계 수도로 만들겠다는 굉장히 자극적인 발언도 했지요.

트럼프는 왜 이럴까 하는 생각을 해볼 필요가 있습니다. 이것이 단지 한 개인의 어떤 선호를 반영하는 것이라고 보기보다는 미국의 양대 정당 중에 공화당이 비트코인에 대해서 지정학적 필요를 굉장히 깊이 깨달았다고 저는 이렇게 보고 있습니다.

민주당도 물론 그렇긴 하지만, 민주당은 자기들의 정강정책하고 아직 잘 안 맞아요. 그런데 트럼프의 공화당은 잘 맞습니다. 그래서 여기에 대해 설명을 조금 드릴게요.

일단 트럼프의 개인적인 행보는 NFT(가상 토큰)를 만들고 있어요. 머그샷이라고 경찰서 가면 찍는 사진 있잖아요. 2023년 말에 민주당 정부가 트럼프를 감옥에 보내려고 트럼프와 주변인물들을 잔뜩 기소했는데 그때 머그샷을 찍었고, 그걸 NFT로 만들어 팔아서 240만 달러를 모았어요. 지금도 팔고 있습니다. 몇 개를 모으면 자기하고 같이 식사도 할 수 있게 해서 팔고 있습니다.

아까 세션에서 박정호 교수님이 말씀하셨지만 우리나라에서는 선거법에 걸릴 것을 미국에서는 다 허용을 하니까, 트럼프는 암호화폐와 NFT를 이용해서 선거자금을 많이 모으고 있습니다. 선거자금 전체에서 큰 비중을 차지하고 있지는 않지만 상징적인 행보라는 데 의미가 있어요.

트럼프 머그샷과 굿즈

출처 : 연합뉴스

트럼프의 이런 행보를 단기적으로는 선거전략으로 볼 수 있어요. 미국의 성인 중에 5~10%가 코인에 투자를 했거나 가지고 있습니다. 대충 계산해보면 1,800만에서 2,500만 명까지 나옵니다. 미국에서 경합주 선거는 거의 다 뒤집을 수 있는 그런 계산이 나오는 거고요.

또 하나는 미국의 셰일가스 산업과 관련이 있습니다. 흔히들 트럼프는 미국 셰일가스에 친화적이고 민주당은 환경 이슈 때문에 여러 가지 불편하게 만들잖아요. 그래서 미국의 셰일 업자들이 트럼프를 지지할 것 같잖아요? 반대입니다. 왜 지지하지 않냐면 트럼프의 셰일 정책은 무조건 아무나 푸고, 아무나 팔아라 하는 겁니다. 그러면 석유 가격이 떨어집니다. 이미 기득권화되어 있는 업자들 입장에서는 석유 가격 떨어지는 게 제일 무섭겠죠. 그래서 오히려 그들은 해리스를 지지해요.

이런 상황에서 트럼프가 암호화폐를 품는다? 특히 채굴에 대해 강조하잖아요. 이건 굉장한 메시지가 있습니다. 여기에 대한 배경 지식이 필요한데요, 이 셰일가스는 미국 전역에서 나오지만 대부분 사람들이 살지 않는 곳에서 나오죠. 그런데 셰일가스를 소비해야 될 곳은 산업단지가 있거나 도시라야 돼요. 거기까지 옮기려면 두 가지 방법이 있는데, 트럭으로 옮기거나 아니면 송유관을 깔아야 합니다. 트럭은 비용이 비싸고 송유관은 환경운동단체가 결사 반대합니다. 민주당은 환경운동단체가 중요한 지지기반의 하나이기 때문에 셰일 업자들 입장에서는 트럭으로 운송하는 수밖에 없죠. 그래서 비용이 비싸고, 항만을 통해서 들어온 외국 원유보다 경쟁력이 높지 않은 경우가 많아요.

그런데 트럼프가 이제 당근을 던지는 거죠. 비트코인 채굴은 아무 데서나 하거든요. 비트코인 채굴은 인터넷이 되는 곳에서는 누구나 할 수 있고 굳이 트럭이나 송유관으로 옮길 필요가 없어요. 그냥 트럭에 채굴기를 잔뜩 싣고 가서 채굴을 합니다.

이미 엑손모빌 같은 거대한 정유회사가 비트코인 채굴이 자기네들의 기존 비즈니스하고 굉장히 상보적이라는 걸 알고 10년 정도 투자하고 있구요. 그래서 트럼프 전 대통령이 남아 있는 100만 개 정도의 비트코인 전부를 미국에서 채굴하겠다, 이렇게 말한 것은 단지 수사가 아니라 이런 정치적인 계산이 철저하게 있는 겁니다.

사실 2016년 트럼프의 당선에는 농부들과 러스트 벨트의 표가 좌우하는 주들의 기여가 굉장히 컸는데요. 앞에서 두 분께서 설명하셨지만, 트럼프의 관세전쟁 때문에 중국이 트럼프한테 가장 큰 타격을 주기 위해서 고안해낸 게 바로 곡물 수입금지입니다.

그래서 사실 미국의 농부들이 트럼프를 지지하지 않아요. 그런데 미국은 몇 개 주가 농민들에 좌우되거든요. 사실 미국 농민들을 우리나라 농민처럼 생각하시면 안 되구요. 굉장히 대단위의 기계화된 농장주들이죠. 그들이 좌우하는 소규모 주들이 있거든요. 그래서 트럼프가 의외로 겉에서 보는 것과는 다르게 셰일 업자라든가 농민들한테 인기가 없어요. 1기 때 모습 때문에.

그래서 비트코인 채굴이 그런 의미가 있는 겁니다.

채굴은 이 정도 하고, 아까 김광석 교수님께서 트럼플레이션을 말씀하셨죠. 트럼프의 기본적인 사고방식이 자기가 관세 올려서 인플레이션이 생기면 전 세계 석유 가격을 다운시켜서 인플레이션을 잡겠다는 겁니다. 전 세계 석유 가격을 낮추려면 미국에서 셰일에 대해 규제를 엄청나게 풀어야 돼요. 그게 박교수님이 얘기했던 무제한적 에너지정책이거든요. 그런데 막상 하려고 보니 셰일 산업 지역이 트럼프 공화당의 지지 지역인데 좋아하지를 않는 거죠. 그에 대한 상보적인 당근 정책이 비트코인 채굴이 돼요. 송유관 안 깔아도 수익 모델을 만들 수 있으니까요.

2장

달러 기축통화와 제조업 공동화

이제 그것보다 좀 더 큰 얘기를 해보겠습니다. 비트코인은 지정학적 질서와 관련이 있습니다. 실제로 미국 공화당의 폴 라이언 Paul Ryan 전 하원의장은 스테이블코인을 보급해서 미국의 부채 문제를 해결하겠다, 이런 발언을 했어요. 그러니까 이게 트럼프만이 아니라 공화당 핵심들은 달러 이후 시대에 대해서 고민들을 하고 있는 거죠.

달러 이후 시대를 왜 고민하냐, 이런 생각이 들 텐데 달러 기축통화 시스템이라는 것은 경제학적으로 미국의 무역적자라는 흐름과 관련이 깊습니다. 1960년대 예일대학 트리핀 교수가 이미 지적을 해서 트리핀 딜레마로 경제학원론 교과서에 나오는 논리죠.

트리핀 딜레마가 얼마나 특이한 주장이었냐면, 지금은 그걸 다 경제학에서 수용하지만 그전에는 달러 부족 이론이 지배적이었어요. 미국만 산업시설이 남았기 때문에 전 세계 다른 나라들이 달러를 벌 수가 없었죠. 달러가 부족하니까 마샬 정책처럼 미국이 원조를 주거나, 채권을 발행해서 어떤 식으로든 달러 부족을 해결하는 거였는데, 그런 달러 부족 이론이 채 뿌리를 내리기도 전에 미국이 무역적자로 돌아섰고, 무역적자가 이제 만성화되어버렸죠.

트리핀 교수가 내다본 것처럼 기축통화 시스템이라는 게 미국과의 무역이 아니라 제3국가들 간의 무역에서도 달러를 쓰는 거거든요. 그러니까 전 세계의 유동성을 위해서 달러가 필요한데 달러를 공급하는 건 미국이니까, 미국이 실제로는 세계의 중앙은행 역할을 하는 거죠.

보통 정치적인 헤게모니만을 중시하는 경제학 베이스가 없는 분들은 달러 패권이 미국한테 절대적으로 유리하다고 해석을 해요. 제가 이런 말을 들어봤어요. 미국은 특별한 종이에 특별한 잉크로 그림만 그리면 원유도 사오고, TV도 사오고, 반도체도 사온다, 남는 장사다, 이런 달러 패권을 미국이 내놓을 리 없기 때문에 비트코인은 허용하지 않을 거다, 이렇게 얘기를 하거든요.

그런데 이건 경제학을 전공한 분들은 금방 아는데 달러 기축 시스템이라는 것이 미국에게 무조건 유리한 게임이라고 보시면 안 됩니다. 왜냐하면 미국의 무역적자를 기반으로 하고 있기 때문에 미국은 제조업 공동화라는 대가를 치렀죠. 그래서 1960년대 서독이 미국에 대해서 엄청난 무역흑자를 내고 1970~1980년도에는 일본이 부상해 미국에 엄청난 무역흑자를 낼 때, 실제로 미국 정부가 립서비스일 수도 있는데 두 나라에게 진지하게 기축통화의 부담을 나누자고 제안을 해요. 그런데 독일과 일본이 거부를 하거든요. 왜 거부하냐? 그게 이제 박교수님께서 발제한 내용과 이 부분이 논쟁적인 부분인데 독일과 일본은 제조업 국가를 지향합니다.

그럼 독일과 일본은 왜 제조업 국가를 지향하느냐? 이 거대 제조업만큼 특별한 능력이 없고 성실성만 있는 국민 다수를 안정적인 일자리로 먹여 살리는 그런 산업이 없는 거예요. 농업도 그렇게 안 되고 첨단 할리우드 콘텐츠 사업도 그렇게 안 돼요.

아침에 출근해서 오후에 퇴근하고, 주말에는 가족과 함께 맥주 마시면서 미식축구를 보는 삶, 고졸자 남자들이 가부장적으로 권위를 갖고 가족을 건사하는 이런 가족 모델을 계속 양산할 수 있는 것은 대규모 제조업밖에 없죠. 실제로 제조업으로 그렇게 하면서 자본주의가 중산층을 키운다는 어떤 그런 아메리칸 드림이 만들어진 거죠. 코리안 드림 그리고 차이나 드림도 마찬가지로 제조업 중심이잖아요.

그래서 독일하고 일본은 정부 정책상 미국처럼 산업 이동을 원하지 않았던 거예요. 왜냐하면 이런 갈등이 생기는 거죠. 산업

이동을 해가지고 아주 뛰어난 사람들에게 전 세계를 무대로 돈을 벌 수 있는 기회를 제공하면서 그렇게 얻은 세수를 가지고 생활이 어려운 분들에게 풍족한 복지를 해주는 모델이 있고, 그렇게 전체적인 파이는 크지 않지만 제조업 중심으로 가면서 중산층의 안정적인 일자리를 오랫동안 보존하는 방식이 있는 거죠. 그렇게 생각을 했던 거예요. 그래서 독일하고 일본은 실제로 그 모델을 선택한 겁니다.

우리가 알다시피 독일하고 일본은 여전히 제조업 강국입니다. 우리가 실제로 기계를 쓰면, 우리 어렸을 때는 메이드인 USA가 최고인 줄 알았는데 이제 메이드인 USA 기계는 없잖아요. 그런데 메이드인 재팬, 메이드인 저먼 하면 대체 불가능한 기계들이 있거든요, 자동차도 그렇고요. 그런데 생각해보세요. 일본의 대단한 IT 기업, 없잖아요. 독일만 아니라 유럽 전체가 IT 기업이 없어요. 산업 이동을 안 한 거죠. 그래서 제조업 중심으로 간다는 것과 금융에서 어떤 기축통화를 운영한다는 것, 이 내적 논리를 정확하게 설명하는 논문이나 기사는 아직까지 보지 못했지만 제가 과문할 수도 있고 정확하게 말들은 못하지만 상관관계가 있는 것은 분명해요.

그런데 중국이 이 방향을 정합니다. 중국이 시진핑 정부 들어와서 공동부유(2021년 8월 글자 그대로 같이 잘 살자라는 뜻으로 시진핑이 이를 강조하면서 중국의 최대 화두로 등장한 개념)를 하면서 IT 기업 위주의 어떤 사람들을 데려다가 고문을 했는지 어땠는지, 뺏

거나 규제를 하고요. 제조업 중심으로 가는 걸 선택을 해요. 그래서 중진국 함정이라고 학자들은 얘기하는데 중진국 함정임에도 불구하고 산업 이동보다는 그냥 안정적인 일자리 위주로, 제조업 중심으로 중국도 선택을 하는 거죠.

그런데 여기서 역설이 생깁니다. 어떤 나라는 미국같은 역할을 해야 되거든요. 그런데 미국마저도 이제 제조업으로 간다는 거예요. 그게 트럼프 현상, 즉 트럼피즘Trumpism의 어떤 상징인데 트럼피즘을 상징하는 게 트럼프가 선택한 부통령 후보인 밴스입니다. 벤스는 초선 상원의원이고요, 상원의원이 되기 전에는 《힐빌리의 노래》라는 자서전적인 책으로 이미 유명세가 있었고 이 책은 드라마로도 만들어졌죠.

《힐빌리의 노래》와 미국 공화당 부통령 J.D. 벤스

출처: New America, CC BY 2.0, via Wikimedia Commons

저도 이 책을 읽었는데 이 책은 대학을 못간 백인 남성들이 가족들을 데리고 모여든 애팔래치아산맥 주변의 광산 지역, 한때 미국 산업의 상징이었던 지역이 공동화되면서 이 가정들이 어떻게 깨졌는지를 보여줍니다. 아버지들은 알코올 중독자가 되고 엄마들은 집을 나갑니다. 그러면 아이들은 버려진 상태에서 고등학교 졸업을 안 해요. 그러면서 쉽게 돈 버는 걸 하면서 근로도덕이 다 무너지고 약물이 지배합니다. 그리고 이들은 소수 인종도 아니에요. 백인이에요. 그래서 소수 인종이 받는 혜택도 못 받습니다. 집단으로 소외되어 있는 이들을 대변해서 하나로 묶은 게 바로 트럼프입니다. 그게 2016년도 트럼프 선거입니다.

그때 트럼프가 어떤 역사적인 기록을 세우냐면요 책에도 나오는데 할아버지도 민주당원, 아버지도 민주당원, 3대가 민주당원인 집안의 아들이 트럼프를 지지한 거예요. 그러면서 이 러스트벨트들이 다 뒤집어진 거거든요.

그러니까 트럼프는 미국 제조업의 영광을 얘기하면서 그 상징적인 인물인 밴스를 바로 부통령으로 세운 거죠. 부통령으로서 인기가 그렇게 높지는 않지만, 어쨌든 우연일 수도 있는데 이 밴스가 비트코인을 가지고 있고 비트코인에 친화적입니다. 트럼프가 대통령이 될 경우 대통령, 부통령이 전부 비트코인을 알고 있고 투자하고 있거나 크립토 관련 산업에 관계가 있어요. 트럼프는 두 아들도 암호화폐에 투자하죠. 그래서 친화적이라는 겁니다.

그럼 이것이 우연이냐? 우연이 아니라는 거죠.

3장

브레튼우즈 체제의 종말과 달러본위제

우리가 지금 이 시대를 읽을 때, 브레튼우즈 체제의 종말을 이야기하지 않을 수 없어요. 경제학자들은 1971년에 닉슨 대통령이 금태환을 중지하면서 브레튼우즈 체제가 종말을 고했다고 했고, 저도 그렇게 알고 있었는데 국제정치학에서는 아직도 브레튼우즈 체제라고 부르더라고요.

그럼 브레튼우즈 체제라는 게 도대체 뭐냐? 1, 2차 세계대전을 겪으면서 서구의 지식인들은 어떤 공감대가 형성됐어요. 그 공감대가 뭐냐면 전 세계가 이런 비극적인, 제국들끼리의 이런 참혹한 전쟁을 피하려면 제국을 만들지 않아도 원유를 비롯한 원자재의 원산지에 접근할 수 있게 되고 소비지에 접근할 수 있어야 한다. 그러면 제국이 필요 없다. 그래야 우리가 평화를 누릴 수 있다. 그래서 1944년도에 전 세계 대표들이 모여서 세계무역, 자유무역을 향한 거대한 노정의 어떤 밑그림을 그린 게 브레튼우즈 체제인데요. 이제 금본위제는 아니고 금을 근거로 해서 달러본위제를 예고했는데 아주 애매하죠. 미국 시대라는 게 다 그렇게 애매합니다.

우리가 미국 시대를 읽을 때, 음모론이 보통 그런 착각을 많이 하는데 어떤 하나의 말끔한 시나리오로 그리면 다 틀려요. 워낙에 미국 시스템이 패치워크patchwork, 누더기입니다. 왜냐하면 미국인들은 기본적으로 현실주의자들이기 때문에 그냥 적응을 하지, 뭘 주도해가지고 이렇게 밑그림을 그리고 신도시를 만들듯이 이렇게 하지는 않아요. 그래서 모순된 것들이 굉장히 많이 섞여 있죠. 어쨌든 방향은 자유무역을 향해서 이렇게 되어 있는데 브레튼우즈 체제가 케인즈하고 해리 덱스터 화이트Harry Dexter White라는 걸출한 천재들이 만든 시스템이다 보니 여기에 놀라운 게 숨겨져 있죠. 바로 조세 시스템이 숨겨져 있습니다.

달러본위제라는 게 기본적으로 뭐냐 하면 전 세계가 미국하고 무역할 때는 물론이고 미국이 아닌 다른 두 나라 사이에서도 그 두 나라의 화폐가 아닌 달러를 쓰는 거죠. 그러면 달러의 수요가 이론적으로 전 세계에 무한정 있는 거예요. 그러면 미국은 다른 나라가 누리지 못하는 어떤 특권을 누리는데 그게 뭐냐면 미국 달러 표시 채권을 발행해도 언제나 수요가 생겨요. 경제학 하

브레튼우즈 회의에서의 화이트(좌)와 케인스(우)

출처: 위키백과

시는 분들은 너무 잘 아시겠지만, 언제나 수요가 있으니까 채권 가격이 높고 그러면 이자율이 낮거든요. 그러니까 미국은 부채를 지면서도 이자율이 올라갈 걱정을 하지 않는 나라였던 거죠.

미국의 부채한도라는 건 정치적으로 결정했죠. 맨날 부채한도 때문에 정치적으로 대립하다가 전부 타협했죠. 다른 나라들은 채권을 많이 발행하면 채권 가격이 하락해 이자율 폭탄을 맞게 되고 그래서 경기침체가 되는데, 미국은 그런 걱정은 안 했던 거죠. 그런데 이게 깨지는데, 깨지는 이유도 재밌어요. 독일하고 일본이 미국에 무역적자를 낼 때는 이게 깨지지 않았거든요.

저는 이걸 포커 하우스에 비유하는데 미국은 포커 하우스와 포커 선수를 겸하는 독특한 지위를 갖고 있어요. 그래서 포커 하우스 안에 다 불러모아서, 즉 자기 집에 불러모아서 포커를 치는데 미국이 잘 못 쳐요. 그래서 독일하고 일본한테 맨날 잃습니다. 새벽 무렵이 되면 미국이 은쟁반을 들고 가요. 독일하고 일본한테. 그럼 독일하고 일본은 거기다 딴 칩을 올려놓아야 돼요. 안 올려놓으면 미국이 하는 말이 있어요. 오늘 밤 포커 하우스는 안 열릴 거야. 독일하고 일본이 올려놓은 것이 바로 미국 국채 구입이라고 할 수 있죠.

4장

비트코인 열풍과 중국

미국이 소련하고 냉전을 하면서 닉슨 대통령 때 대전환, 그러니까 판을 바꾸는 게임을 합니다. 같은 공산 블록에 있었던 중국을 미국 진영으로 품습니다. 미국이 베트남전에서 되게 힘들었는데 중국을 품음으로써 소련과 대치에서의 열세를 정치적으로 만회한 거죠. 그러면서 세계질서가 조금 복잡해집니다.

왜냐하면 중국이라는 플레이어는 일본이나 독일과는 행태가 달라요. 일본과 독일은 미국이 야, 너네 방위비 좀 더 내라, 국방비에 돈 좀 써 하면 싫어해요. 그런데 중국은 알아서 국방비에 엄청난 돈을 씁니다. 국방비라는 건 상대적 우위가 있을 때 의미가 있는데 중국이 국방비에 돈을 계속 쓰니까 미국은 더 써야 되는 거죠. 쫓깁니다.

그리고 중국이 원래는 안 그랬는데 시진핑이 2012년도에 국가주석이 되면서부터 미국 국채를 쌓지 않아요. 미국 국채를 쌓을 돈을 미국한테 벌었는데도 미국 국채를 더 안 삽니다. 포커하우스에서 칩을 땄는데, 새벽에 미국이 은쟁반을 갖고 가면 그 칩을 올려놓아야 되는데 안 올려놓고 그걸로 일대일로를 하겠다면서 서진정책에 다 쏟아붓습니다.

사실 이거는 많이 안 알려져 있는데 미국이 민주당과 공화당 모두 반중으로 갈 수밖에 없는 게 뭐냐 하면 중국이 암묵적인 룰을 깼기 때문이에요. 중국이 대미 무역흑자를 미국 채권에 대한 무한정한 수요로 바꿔줘야 되거든요. 그런데 그걸 안 하기 때문에 미국 입장에서는 중국의 수정주의가 용납할 수 있는 선을 넘어버린 거죠. 게다가 국방비에 돈을 쌓고 있으니까 미국 입장에서는 독일이나 일본하고는 다른 상대인 셈인 거죠.

오늘날의 모든 변화는 사실 2008년부터 시작을 하는데 2008년이 되게 재미있는 해입니다. 2008년에 미국의 금융위기가 있었고요. 미국 금융위기 때문에 유럽과 모든 나라들이 경기침체에 빠질 뻔했는데 제일 먼저 스티뮬러스 패키지Stimulus package(경기부양책)로 8,000억 달러를 갖고 나온 게 중국입니다. 그때 중국이 엄청난 철근과 시멘트를 생산해가지고 서쪽에다 쏟아부은 것이 일대일로가 된 셈이구요, 액수도 비슷합니다. 8,000억 달러입니다.

그때 중국인들의 어떤 자아상이 형성이 돼요. 우리가 미국을 먹여 살려야 될 이유가 뭐냐? 저렇게 저축도 안 하고 비대해진 미국을. 마침 또 베이징 올림픽이 열립니다. 베이징 올림픽이 열린 건 좋았는데 성화 봉송을 하면서 파리에서 성화가 꺼지고 성화 봉송을 하는 곳마다 계속 시위가 따라다녀요, 티베트 인권 시위가. 미국과 서구의 리버럴Liberal들이 그때 오판을 한 거예요. 중국이 보통 국가가 됐으니까 우리가 이렇게 시위로 흔들면 중국이 주변 국가에 대해 좀 더 개방적이고 관대한 정책을 할 줄 알았는데 오히려 그게 반대로 되어버려요.

그래서 2008년도에 중국인들의 의식구조에 금융위기가 있지만 베이징 올림픽도 있습니다. 티베트 성화 봉송 반대에 이어 시위꾼들이 올림픽 때 베이징에 들어오자, 중국 정부는 베이징 시내 전체를 봉쇄해버려요. 그 봉쇄를 주도한 게 바로 시진핑입니다. 당시 부주석이었지요.

시진핑은 장쩌민의 상하이방과 후진타오의 공청단이라는 두 정치세력의 갈등 때문에 선택된 차선책이었거든요. 대중적 지지 기반이 전혀 없었는데 베이징 올림픽을 안전하고 성공적으로 치렀기 때문에 리더로 부상합니다. 그 방법은 우리가 지금 시진핑을 통해서 보는 방식이에요. 개방적이고 소통하는 방식이 아니라, 톱다운으로 봉쇄하고 안정 위주로 가는 방식이거든요. 2012년 시진핑이 주석이 됐을 때 우리는 잘 모르지만 인민들의 굉장한 지지와 인기를 얻었지요.

시진핑 주석이 집권하자마자 부패척결 운동을 시작했는데

요, 고위 공무원이 1년에 2만 명씩 숙청되었다는 말도 있을 정도입니다. 부정부패 혐의로요. 2013년부터 2021년까지 약 400만 명 이상의 공직자들이 부패 관련 혐의로 조사 받았으며, 그중 상당수가 처벌을 받았다고 합니다.(중국 중앙기율검사위원회) 고위 공무원만이 아니라 판빙빙 같은 영화배우와 IT업체까지요. 하여튼 민초들이 보기에 좀 잘나가고 건방지다, 그럼 다 보내는 거죠.

이런 정책이 정치적으로는 이득인데요, 경제적으로는 전혀 아니죠. 중국의 슈퍼 리치들 입장에서는 화살이 언제 우리에게 올지 모르겠다 싶은 거죠. 그래서 모은 게 바로 비트코인입니다. 제가 비트코인을 알게 된 게 2014년인데 그때 제가 밋업meet up 같은 곳이나 컨퍼런스에 가면 중국계 비트코이너를 쉽게 만날 수 있었어요. 한국에서 열린 비트코인 모임이지요.

중국 비트코이너들이 한국까지 왜 왔을까요? 아마도 중국에서 산 비트코인을 팔기 위해서였을 겁니다. 비트코인을 이용한 자본유출이지요. 중국이 불안하니까요. 실제로 2024년 1월 영국 파이낸셜타임즈 보도에 의하면 2017년인가 중국인이 영국에서 비트코인을 파운드로 바꾸다가 영국 수사기관에 걸려서 61,000 비트코인을 압수당합니다. 그에 대한 판결이 2024년에 내려졌구요.

중국 부자들은 비트코인을 빨리 발견했어요. 제 거친 추론이지만 중국 부자들은 중국의 고위 인사들과 연결되어 있고 그들은 시진핑 주석 집권 이후에 자신들에 대한 정치적 기류가 매우 악화되는 것을 느끼고 믿음직스럽지는 않지만 비트코인도 대안으로 생각한 거예요.

미국 입장에서 보면 비트코인은 중국 현상이라고 오해할 만큼 중국인들이 그때부터 비트코인에 열광했어요. 그게 중국의 일반 서민이 열광한 게 아니라 시진핑한테 쫓기고 있던 기존의 상하이방 계열의 자금들인 거죠. 이 정도 설명으로 배경 설명을 드렸습니다.

국가별 비트코인 보유량(2024. 3. 15)

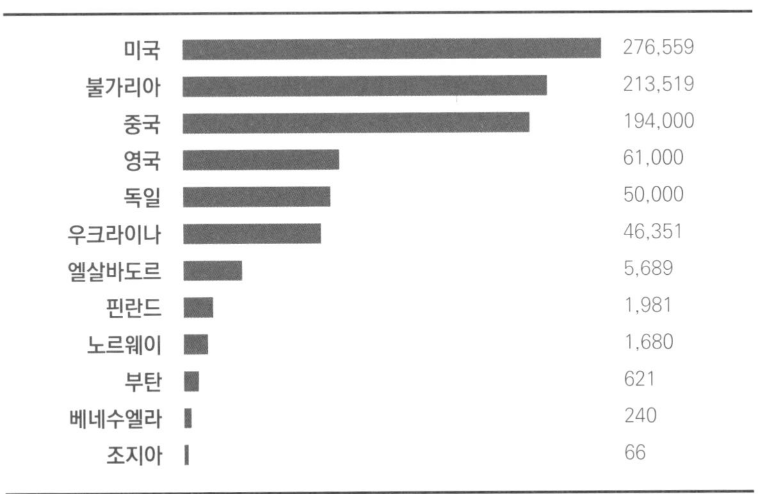

출처: Atomic BITCOIN

5장

나쁜 선택지 중의 가장 좋은 선택지

우리는 지금의 트럼피즘이나 이런 것들을 보면서 미국 한쪽만 생각하면 안 되고 중국이라는 나라를 같이 봐야 되는데요. 놀랍게도 중국은 독일이나 일본과는 다른 길을 걸으면서 미국이 포커하우스를 유지하는 데 도움을 주지 않고 오히려 옆에 포커 하우스를 따로 열려고 하고 있어요. 이것이 미국 입장에서는 제일 뼈아픈 부분입니다.

미국이 지금 무역적자를 무역흑자로 바꾸면 세계에 달러 공급이 덜 되잖아요. 그래서 눈치 빠른 사우디아라비아가 우린 결제수단으로 달러 안 쓸 거야. 이렇게 말하는 거죠. 미국은 사우디 왕실을 보호할 만한 어떤 의지도 역량도 안 보여주고 있어요. 그걸 이스라엘이 눈치 챘고. 그래서 지금 중동의 그림은 이스라엘,

사우디아라비아, 이란의 삼각 구도에서 재편될 가능성이 높아요. 미국은 수수방관할 거고요. 트럼프가 집권하면 아마도 1기 때 했던 아브라함 협정을 재추진할 거예요. 더 빠르게 말이죠. 결국 중동의 수니파 왕국들을 이스라엘이 군사적으로 보호해주려는 게 아브라함 협정입니다. 이게 말이 안 되어 보이겠지만 이란 같은 중동판 공화 혁명주의자들의 도전, 즉 왕정을 끝장내려는 시도를 생각해보면 이해가 갑니다. 결국 미국 대신 이스라엘이 중동의 왕국들을 보호하라는 거죠.

그럼 사우디 입장에서는 굳이 페트로 달러Petrodollar를 지지할 필요가 없죠. 게다가 미국은 또 셰일가스가 많으니까 중동의 석유에 의지하지 않아도 되거든요. 그래서 트럼프는 중동 위기는 일본, 대만, 한국, 중국의 위기이지 우리의 위기가 아니다라고 노골적으로 얘기합니다. 왜냐하면 호르무즈 해협에서 유조선이 안 오면 석유가 부족해지는 건 중국, 대만, 일본, 한국이지 미국은 아니거든요. 미국은 석유 안 부족하다, 이런 입장인 거죠.

그걸 아는 사우디아라비아 같은 나라는 이제 달러 시스템에서 이탈할 조짐이 보이죠. 그랬더니 트럼프 전 대통령이 얼마 전에 3국 간의 무역에서 달러를 사용하지 않으면 관세 폭탄을 매기겠다, 이렇게 말했어요. 얼핏 보면 무역흑자를 내면서 달러 유동성 공급을 안 하겠다는 트럼프의 정책과 달러 패권 유지를 위해 협박하는 트럼프의 정책은 모순되어 보이지만, 이것은 통합되죠. 왜냐하면 달러가 퇴조하는 건 어쩔 수 없지만 그걸 늦추겠다는 것, 최대한 유지하면서 가겠다는 거거든요.

그러면 자연스럽게 달러의 대안, 제3국 간의 무역에서 달러의 대안은 무엇인지를 워싱턴 입장에서 생각해보죠. 워싱턴 입장에서 달러가 퇴조한 자리에 위안화가 차지한다, 용납할 수 없는 일이죠. 달러가 퇴조한 자리를 엔화가 차지한다, 어느 정도는 봐줄 수 있겠죠. 우방이니까. 달러가 퇴조한 자리를 유로가 차지한다, 이것도 용납이 안 될 겁니다. 그런데 달러가 퇴조한 제3국 간의 거래에서 담보물로서 비트코인이 쓰인다? 와이 낫Why not?이겠죠.

비트코인은 미국 입장에서 나쁜 선택지들 중에 가장 좋은 선택지입니다. 그래서 트럼프 1기 당시 하원의장이었던 폴 라이언부터 공화당의 씽크탱크와 트럼프까지, 이걸 이해하고 있는 스펙트럼이 저는 보여요. 그러니까 굉장히 깊게 이해하고 있다는 생각이 드는데 아무튼 이런 분위기 속에서 트럼프의 크립토 친화적 선거전략이 세워진 거다 이런 말입니다.

1차로는 1,800만 명의 투자자를 의식한 선거전략이고, 2차로는 자기한테 등을 돌리고 있는 셰일 업자들을 달래주는 용도가 되죠. 그리고 3차로는 국가 전체적인 그림에서 무역 흑자국이 되거나 무역적자를 대폭 줄여 달러 유동성 충격이 오면, 다른 국가들은 그 충격을 그대로 받지 않고 제3의 대안을 만들려고 하겠죠. 그때 엔화, 위안화, 유로보다 국가가 뒤에서 통제하지 않는 비트코인이 미국에는 나쁜 선택들 중에 가장 좋은 선택이라고 생각합니다. 이상입니다.

TRUMP 2.0

토론

discussion

김광석 : 이번에는 제가 먼저 코멘트를 드리겠습니다. 제가 보고 있는 미중 패권전쟁이나 지금 중국의 움직임하고, 말씀하신 어떤 지정학적인 움직임이나 이해관계적 측면에서 코인의 흐름하고 연관된 것들이 굉장히 많이 있는 것 같습니다. 결국은 같은 얘기일 것 같아요. 일단 트럼프를 생각해보면 원래부터 나는 크립토 프레지던트다, 라고 이미 선언을 했고 선언한 배경들은 여러 가지 것들이 있었던 거예요.

그런데 경제적인 관점에서만 해석해보자면 트럼프는 어쨌든 굉장히 확장적 재정정책을 펼쳐나갈 겁니다. 확장적 재정정책을 펼쳐나가려면 결국 국채 발행을 더 해야 하고 부채에 더 많이 의존해야 돼요. 더군다나 거기에 완화적 통화정책을 지향합니다. 완화적 통화정책으로 금리가 앞으로 더 떨어질 거라고 가정한다면 국채를 발행하는 데 부담이 덜 돼요.

그런 관점에서 확장적 재정정책과 완화적 통화정책을 같이 가져가고자 하는 의지는 갖고 있다고 생각합니다. 그런 것을 통화 정책 수장을 교체한다든가 여러 가지 방식으로 움직일 거라고 생각합니다. 그런데 이것과 같이 맞물리는 게 중국 입장이에요. 중국이 이미 미국 국채 보유 규모를 줄여나가고 있거든요. 중국이 갖고 있는 외환 보유액에서 미국 국채가 차지하는 비중이 점진적으로 줄어들고 있고요. 이걸 완전히 대체해 나가는 게 금이에요. 금으로 대체해 나가고 있어요. 그러니까 외환 보유액이 줄어드는 게 아니라 외환보유액 내에서의 구조가 바뀌고 있는 거예요.

금으로 바꾸고자 하는 정치적 경제적 의미를 해석해본다면 어쨌든 지정학적으로 불안감이 고조되어 더 안전자산을 갖고 있어야 되겠다는 움직임도 하나 있고요. 다른 하나는 러시아-우크라이나 전쟁이 굉장히 큰 기폭제라고 생각하는데 실제로 러-우 전쟁이 발생한 이후에 중국이 미국 국채 보유 규모를 극적으로 회수하고 있습니다. 회수하는 움직임이 가장 대표적으로 러시아에 대한 경제 제재를 발동할 때 1차 경제 제재가 소위 실물에 대한 제재였죠. 천연가스 쓰지 마, 농산물 가져가지 마, 이런 경제 제재를 가했는데 별로 효과가 없어요.

그래서 가한 게 스위프트망SWIFT(은행간 국제결제망)에서 러시아를 배제하는 조치를 하죠. 이것은 굉장히 큰 영향을 받았습니다. 만약에 중국이 스위프트망에서 배제되는 액션을 미국이 취한다면 무역 결제대금을 받기가 어려워질 거예요. 그런 문제가 있기 때문에 미리부터 중국은 정치적으로도 달러에 의존하는 체제를 갖고 있으면 안 되겠구나 하는 움직임으로써 미국 국채 보유 규모를 줄여나가는 거라고도 생각해볼 수가 있죠. 정치적 경제적 이유가 다 있다고 볼 수 있고요.

경제적인 이유에서는 어쨌든 피벗Pivot(긴축 정책 전환)의 시대이기 때문에 금리를 점진적으로 인하해 나가는 과정에서, 아무래도 금리가 높았을 때 국채 가격이 싸니까 쌌을 때 많이 보유했던 것들을 수익 실현해 나가는 의미도 있는 것이고요. 또 높아지는 국채 가격을 그제서 보유할 의미는 없어지기 때문에 경제적인 이유나 혹은 정치적인 이유나 뭘로 보나 중국 입장에서는 미국 국채 보유 규모를 추세적으로도 미래지향적으로도 줄여나갈 가능성이 굉장히 높습니다.

그럼 이런 두 가지 움직임을 포착해보면 그것에 대한 대응책, 그러니까 1, 2, 3차 중요한 과정을 아까 말씀해 주셨는데 그 세 번째 입장을 고려해봤을 때도 미국으로서는 그러면 중국은 국채 보유 의무를 줄여나가네? 우리는 국채 발행을 더 해야 되는데 그럼 그것을 어떻게 메꾸지? 하는 고민을 분명히 할 것이고 그것에 대한 대안으로서 코인을 선택할 가능성이 있겠구나 하는 그림을 또 그려지게 하고요.

그런 의미에서 아까 말씀하신 그 표현이 굉장히 명문이라고 생각하는데 나쁜 선택지 중에 그나마 제일 좋은 선택지다 하는 그런 판단이지 않을까. 그래서 지금 우리는 결과를 보기 전에 논의를 한 거지만, 만약 트럼프 당선이 확정된다면 코인 가격은 일시적으로나 추세적으로나 상승할 가능성이 굉장히 높아지는 것이고 반대의 결론, 해리스노믹스가 등장한다면 그러니까 해리스가 코인을 일부러 억제하거나 규제를 더 강화하거나 하는 움직임은 아닐지라도 자산시장에서의 움직임은 반대의 효과가 나타날 가능성이 굉장히 높겠죠.

그런 그림을 그려보면 어떨까 하는 생각을 말씀하시는 중에 하게 되었습니다.

오태민 : 맞습니다. 해리스가 일단 안정적으로 된다면 비트코인을 비롯한 크립토 가격은 한 달 정도는 어렵지 않을까 하는 생각이 드는데요. 왜냐하면 기대감이 꺼졌으니까. 그러나 해리스가 됐는데 안정적으로 안 됐다. 지금 미국이 되게 힘들다 그러면 비트코인은 오히려 많이 오를 가능성이 있죠. 왜냐하면 비트코인하고 금하고는 굉장히 유사합니다. 말씀하신 대로 중국과 러시아가 정부 차원에서 금을 엄청나게 모았고요. 미국은 금을 다시 미국으로 가지고 오는 것에는 의욕도, 실리도 없다고 생각하는 것 같아요.

1차 세계대전 때는 금이 저절로 미국으로 다 왔습니다. 그래서 미국이 금본위 형태의 기축통화를 할 수 있는 토대가 마련됐고요. 금괴 금의 40%가 미국 땅에 있었어요. 지금은 우리가 정확한 통계를 모를 정도로 별로 없다고 알려져 있고, 중국과 러시아가 실물 금을 많이 갖고 갔거든요.

비트코인은 지금 미국이 정책만 잘 쓰면 많은 퍼센티지가 미국에 올 가능성이 높아요. 왜냐하면 우리나라를 비롯해서 많은 국가의 엘리트들이 비트코인의 본질을 아직 깨닫지 못했거든요. 오히려 좀 멀리 했죠. 미국에서 규제 환경만 잘 만들어지면 미국으로 몰릴 거라고 봅니다. 벌써 ETF(상장지수펀드)를 엄청나게 사들이고 있잖아요. 지난 6개월 동안 비트코인 ETF가 돈이 어디서 왔나 봤더니 금 ETF에서 빠져나온 거예요. 부자들 입장에서 금하고 비트코인은 똑같은데 금은 조금 천천히 가는 거고, 비트코인은 변동폭이 굉장히 커서 리스크도 크다고 보는 거죠.

박세익 : 2016년 11월에 트럼프가 당선되고, 2017년도에는 반도체도 오르고 비트코인도 오르고 하물며 부동산도 많이 올랐습니다. 그런데 2018년 하반기가 되자 2,800만 원 갔던 비트코인이 연말에는 350만 원까지 폭락합니다. 트럼트 정권 2년차였는데 2017년과는 완전히 다른 모습을 보이며 가상화폐, 주식시장 할 것 없이 자산시장의 투자심리가 얼어붙었는데요. 당시 비트코인이 먼저 급락하고 반도체 대장주 엔비디아 주가도 2018년에 무려 60%가 넘게 하락합니다. 그리고 그때 350만 원 찍었던 비트코인이 2024년 바이든 때 1억 원을 훌쩍 넘어 6년 만에 40배 이상 폭등했습니다. 그래서 저는 비트코인이 대통령이 누가 되느냐보다는 4년마다 채굴량이 반으로 줄어드는 반감기가 도래하고, 반감기 이후 12~18개월 동안 강세를 보였다가 미국 대통령

2년차에는 또 가격이 폭락한다는 다소 퀀트Quant적인 해석을 하고 있습니다. 그런데 오교수님께서 비트코인 전체 발행량 2,100만 개에서 채굴 가능 수량이 이제 얼마 안 남았고, 트럼프 당선 후 남은 100만 개를 미국이 모두 가져갈 수도 있다고 하셨습니다. 모든 자산이 희소해지면 희소해질수록 프리미엄이 붙게 되니까 트럼프 1기 때 300만 원까지 하락했던 비트코인이 이번 트럼프 2기 때는 다른 양상을 보일 수도 있다고 생각하시나요?

오태민 : 좋은 지적이시네요. 그런데 트럼프는 비트코인을 싫어했습니다. 비트코인에 대해 잘 몰랐고, 트럼프가 전 세계 행정부수반 중 비트코인을 최초로 언급했고 그것도 부정적으로 언급했죠. 최초입니다. 보통은 재무장관이나 관료들이 얘기하지 직접 행정수반이 얘기를 안 해요. 비트코인이라는 단어를 입에 담지도 않았는데, 현직에 있으면서 트럼프는 오히려 비트코인을 달러에 비해서 아무것도 아닌 쓰레기다, 이렇게 얘기를 했어요.

그게 1기 때 트럼프의 현실 인식이었고 그리고 그것은 우리나라 지식인들의 세계관과도 비슷하죠. 왜냐하면 공화당은 아무래도 강한 미국을 주장하기 때문에 민주당보다는 좀 더 국가주의적인 면모가 있잖아요. 제가 비트코인을 10년 동안 설득하면서 부딪혔던 어려움이 뭐냐 하면 미국이 가만 안 놔둘 거다 하는 논리예요. 그런데 그 당시에는 진짜 트럼프가 그 논리대로 행동한 거죠. 일단 반응을 했습니다. 어디 달러에 도전을 해, 누가 만들었는지도 모른다는데. 이런 관점이었던 거죠.

그런데 역시 말씀하신 대로 바이든 정부에서 비트코인이 안 올랐냐 하면 올랐어요. 그리고 실제로 트럼프가 당선되면 임기 첫날에 해고하겠다고 한 개리 겐슬러Gary Gensler SEC 의장이 바로 비트코인 ETF를 승인했다는 거죠. 게다가 이더리움 ETF까지 승인을 했어요. 그래서 우리가 미국이라는 나라를 이렇게 스토리텔링으로 말하기 어렵다는 거죠. 트럼프라는 사람이 되게 드라마틱 하니까 재미있는 부분이 있지만, 트럼프 대통령이 트위트에다 말한다고 해서 미국 행정부가 일사불란하게 바뀌지는 않습니다. 일사불란했다면 두 번의 트럼프 탄핵을 어떻게 설명하겠습니까? 두 번이나 탄핵이 됐잖아요. 미국은 그렇게 단순하지 않습니다.

그리고 제가 공화당 위주로 설명했지만 민주당 수뇌부도 다 알고 있는 내용입니다. 다만 이것을 어떤 정치적인 쟁점으로 삼느냐는 리더들의 스탠스가 다른 것뿐이고, 민주당이 됐다고 해서 반 비트코인, 물론 엘리자베스 워런Elizabeth Warren 상원의원 같은 경우는 노골적인 반 크립토예요. 민주당에서 아주 정치적 비중이 큰 상원의원이잖아요. 그럼에도 불구하고 해리스가 워런 상원의원에 동조하기는 쉽지 않아요. 해리스의 지금 기본적인 선거운동 전략은 뭐냐 하면 크립토에 대해서 언급을 자제하면서 누가 물으면 응 잘 할게 정도로 말하는 겁니다.

박정호 : 트럼프의 여러 공약들을 보면 비트코인에 대해 힘을 실어주려는 여러 가지 움직임이 있고, 그 과정에서 자연스럽게 제

도권화 또는 법적인 어떤 근거들이 필요한 조치들이 있어 보여요. 그럼 이것이 비트코인을 투자하는 사람들 입장에서는 비트코인의 특성을 그대로 반영하는 게 아니라 이런 제도권에 편재되어 있는 모습을 좋아할까요?

오태민 : 진짜 좋은 질문이십니다. 비트코인을 많이 갖고 있는 사람들은 초기 투자자들일 것 아니에요. 비트코인의 핵심적인 성격은 계속 변하고 있는데요. 원래 1세대의 성격을 보자면 논리적으로는 제도권 편입을 좋아하면 안 되죠. 왜냐하면 이들이 비트코인을 좋아했던 이유가 정부가 컨트롤할 수 없고 정부에 대항할 수 있는 건데, 월가가 비트코인을 소유한다는 얘기는 월가가 자기 돈으로 갖는 게 아니라 월가에 투자하는 사람들의 돈으로 갖는 거거든요.

그러면 ETF랑 똑같은데 ETF가 실물 비트코인이 아니잖아요. 대신 중간에 여러 비히클vehicle들이 비트코인을 담고 그 비히클의 지분을 사는 형태잖아요. 이렇게 되면 비트코인의 생명력인 실제 점유물로서의 생명력은 없는 거죠.

그런데 미국은 빨리 깨달은 거죠. 왜냐하면 비트코인을 만약 지하화시키면 이것은 미국이 감당하지 못하는 지하세계의 기축통화가 될 가능성이 높아요. 그리고 그 지하세계가 그냥 지하세계로만 있는 것이 아니라 하마스, 헤즈볼라, 중국, 북한하고 붙으면 이게 미국이라는 시스템을 수정하려고 하는 군사지정학적인 세계의 기축통화가 될 가능성이 있죠.

실제로 하마스가 이걸 사용했죠. 바이낸스Binance(암호화폐 거래 웹사이트)를 통해 비트코인으로 자금을 세탁하고 모금했죠. 43억 달러의 벌금을 물고 CEO가 사임했잖아요. 그거였거든요. 하마스가 썼다라는 게. 그러니까 미국 입장에서는 이걸 제도화시켜야 되겠죠. 지금 가격만 보고 투자하는 비트코이너들은 내가 산 비트코인을 미국 정부가 인정하네 하고 좋아해야죠. 그러나 제가 만약 15년 전에 비트코인에 눈을 떠서 지금 한 10만 개쯤 들고 있다면? 반대해야죠. 10만 개면 자손 대대로 쓰고도 다 못 쓰거든요. 더 버는 게 의미가 없어요.

이건 우리 돈인데 미국이 들여다보는 거잖아요. 비트코인에 묘한 속성이 있어서 만약 2,100만 개 중에 100만 개를 미국이 들여다보잖아요. 그럼 지갑하고 지갑들이 연결되는 것이기 때문에 결국 전부 다 노출이 돼요. 내가 갖고 있는 게 노출이 되는 거예요. 그래서 노출 안 되는 유일한 방법은 정부가 모르는 지갑하고만 거래를 해야 돼요. 그런데 내 상대방을 정부가 아는지 모르는지 내가 어떻게 알아요. 고민이 되는 거죠.

김광석 : 저도 한번 질문을 꼭 드리고 싶습니다. 어떤 의견을 갖고 계신지 궁금합니다. 2020년부터 지금까지 그리고 아마도 2020년대, 약 10년 동안을 결정지을 하나의 어떤 지정학 경제학적 단어를 꼽으면 그게 지경학적 분절화인 것 같습니다.

이번에 세계 주요 국제기구들이 공통된 표현을 만들었어요. 지오 이코노미컬 프래그멘테이션Geo economical fragmentation, 그러니까 지정학적 경제학적인 여러 가지 요인으로 인해서 세계가 이제 글로벌에서 파편화되는 거죠. 블록경제가 형성이 되는, 그런 구조하에 있는데 그런 구조를 만드는 기폭제 중에 하나가 바로 전쟁이죠.

그래서 러시아-우크라이나 전쟁이 시작되어 아직 안 끝났고 중동 분쟁도 여전합니다. 재미있는 현상이 나타났는데, 그전까지는 경제 관련 국제기구들이 경제 전망치를 제시할 때 그냥 숫자 하나만 제시했어요. 예를 들어 2025년 세계경제 성장률 전망치는 3.2%입니다, 이렇게 제시했는데 이번에는 시나리오를 제시해요.

어떤 시나리오냐 하면 지금의 전쟁과 같은 지정학적 불안이 지금과 같은 수준으로 유지된다고 했을 때를 전제로 해서 전망치를 제시합니다. 중립적 전제예요. 그다음은 전쟁이 생각보다 빨리 끝나서 지정학적 불안이 해소된다는 전제하에서의 낙관적 시나리오 전망치를 제시하고, 마지막으로는 전쟁이 더 확전된다거나 지정학적 불안이 고조된다고 가정했을 때의 부정적 시나리오 전망치를 제시합니다. 왜냐하면 누구도 통제할 수 없는 영역이니까요. 그래서 제가 지금 질문드리고 싶습니다.

거시경제적으로 굉장히 중요한 질의인데 트럼프라는 인물이 그전부터 러시아와 밀착한 어떤 거래가 있다, 그리고 그 거래가 주로 코인으로 되고 있다라는 음모론 아닌 음모론적인 그런 표현들도 많이 있었고, 이번에도 마치 공약처럼 내가 당선이 되면 러시아-우크라이나 전쟁은 그다음 날로 종식시키겠다라는 표현까지 했어요.

그래서 코인을 둘러싼 트럼프와의 비동맹국 간의 어떤 관계 혹은 그것으로 인한 전쟁의 종식 가능성 여부, 이런 부분에 대한 교수님의 견해를 좀 여쭤보고 싶습니다. 너무 어려운 질문인가요?

오태민 : 2014년도에 제가 비트코인을 발견했을 때 러시아에서 어떤 법을 통과시켰냐 하면 비트코인 강연만 해도 감옥 가는 법을 만들었어요. 그 당시 러시아 대통령이 푸틴이었습니다. 지금은 비트코인에 대해서 푸틴도 친화적이고 트럼프도 친화적입니다. 완전히 세상이 뒤바뀐 겁니다. 둘이 친화적인 걸 어떤 내통이 있다고 해석할 수도 있겠지만 이게 각각 다른 이유로 친화적이 된 거거든요.

러시아 같은 경우에는 아까 말씀하신 것처럼 러-우 전쟁을 겪으면서 스위프트망에 대한 세컨더리 보이콧이 들어오니까 당장 급한 마음에 이제 비트코인으로 간다는 것을 미국한테 협박성으로 보낸 거죠. 그런데 이렇게 가는 게 지금은 어렵죠. 왜냐하면 비트코인을 받아주는 쪽이 있어야 되는 거잖아요. 아직은 비트코인이 그 정도 위치는 아니거든요. 그러나 친화적인 건 확실하죠.

기조 발제에서 제가 말씀드렸지만, 미국의 트럼프나 공화당 입장에서의 비트코인은 나쁜 선택지들 중에 가장 괜찮은 선택지입니다. 그런데 2014년에 비트코인으로 마약을 사는 것 때문에 미국에서도 한 번 비트코인이 문제가 됐어요.

그래서 그때 하원에서 청문회가 열렸는데 제가 그걸 봤거든요. 그때 저는 비트코인에 대한 입장을 완전히 긍정적으로 결정하는 계기가 됐어요. 2시간 동안 진행된 청문회에서 미국의 하원의원들이 이런 얘기를 하더라고요.

미국은 혁신에 대해서 그렇게 폐쇄적인 전통을 갖고 있는 나라가 아니다. 우리가 잘 모르는 거니까 놔두자. 그래서 그때 청문회에서의 결론은 연방정부 차원에서 비트코인에 대해서 아무것도 하지 말고 지켜보자였어요.

그걸 보면서 진짜 깜짝 놀랐어요. 저도 비트코인이 달러와 대칭되는 면이 있고, 또 지하경제에 쓸 수 있는 익명성을 갖고 있기 때문에 당연히 미국 입장에서는 굉장히 부정적인 태도를 보일 거라고 봤거든요. 이것을 이해하기 위해서는 일단 미국의 어떤 기본적인 기조는 현실주의라는 걸 알아야 돼요. 이게 우리랑은 조금 다릅니다. 미국에서 아무리 이상주의적인 정치가도 한국에 갖다놓으면 현실주의자가 될 정도로 현실주의 기풍이 깊거든요. 특히나 이런 기술과 관련된 것에 있어서는요.

그러니까 일단 이게 신기술이고 신산업이니까, 미국은 지금까지 목소리를 낸 경우는 있었지만 반대적인 어떤 태도를 취하지는 않았어요. 안 했죠. 친화적인 것도 안 하고, 반대적인 것도 안 하고. 그런데 트럼프라는 정치인의 개성은 조금 독특해서 뭐든지

언어화시키려고 하고, 뭔가 자극적인 걸 좋아하잖아요. 그래서 이 크립토 친화적인 트럼프를 어떻게 보느냐인데, 제가 보기에는 가장 나쁘게 보자면 그냥 선거전략이에요. 1,800만 명의 암호화폐 투자자들을 민주당이 간과하고 있는데, 트럼프는 이들이 스윙 스테이트Swing state(경합주)에서 굉장히 의미 있다고 보는 거죠. 그것에 대한 어떤 동물적인 느낌을 가진 것일 수도 있죠. 좀 더 깊은 이해를 했다고 본다면 비트코인 채굴을 통해서 셰일 무제한 채굴에 대한 셰일 업자들의 부담감을 덜어주려고 하는 거라고 생각합니다.

김광석 : 말씀 정말 감사합니다. 혹시 이 주제와 관련해서 추가적인 코멘트나 질의 있으십니까?

박세익 : 하나만 더 여쭤보면 중앙은행에서 CBDC(중앙은행 디지털화폐)를 만든다고 했잖아요. 그 얘기가 2~3년 전에는 있었는데 요즘 이 얘기가 없는 것 같아서요. 중앙은행들의 정책이 이제 바뀐 겁니까? 아니면 따로 진행이 되고 있는 겁니까?

오태민 : 우리나라 이창용 한국은행 총재가 재미있는 말씀을 하셨어요. 우리나라는 CBDC가 앞서 있는 나라입니다. 기술투자다 했고 베타 버전도 다 돌려봤거든요. 그런데 안 나오잖아요. 이창용 총재가 뭐라고 말했냐면 CBDC가 허용되는 것은 딱 하나

있다. 프로그램이 가능한 돈이라는 것. 그 외에 우리나라는 필요 없다. 이렇게 얘기했어요. 왜냐하면 우리는 이미 돈을 안 갖고 다니잖아요. 이미 전자화되어 있기 때문에 CBDC가 추가로 국민들을 편하게 해줄 게 하나도 없어요.

중앙은행은 은행들만 상대하는데 대차대조표에 은행 이름이 나오지 제 이름은 안 나오잖아요. 근데 CBDC가 되면 중앙은행 대차대조표에 제 이름이 나와요. 저한테 쏴줄 수 있거든요. 지금까지는 상업은행을 통해서 이렇게 왔는데 중앙은행이 나한테 돈을 직접 주면 상업은행이 죽잖아요.

이런 문제도 해결하지 못하는데다 더 편리해지는 것도 아니에요. 정부 입장에서 CBDC의 유일한 효과는 프로그램이 가능하다는 거예요. 프로그램이 가능하다는 걸 제대로 이해하면 소름이 돋는데, 아까 재정정책 말씀하셨잖아요. 재정정책이나 인플레이션은 전부 중앙은행의 빚이거나 국가의 빚이잖아요. 그런데 정부가 나에게 준 돈이 프로그램이 가능해요. 일정 기간 동안 안 쓰면 없어지게 할 수 있어요. 이걸 마이너스 이자율이라고 하거든요. 마이너스 이자를 때려버리면 돈이 썩어요. 그러면 이 돈을 기간 내에 써야 되니까 수요를 진작하겠죠. 백화점 1층에다 전기차 진열할 필요 없어요. 이 돈은 전기차에 쓸 때는 웃돈이 들어가는데 딴 데 쓰면 마이너스가 되고, 쾌락적인 것에 쓰면 세금이 붙고, 이렇게 되는 프로그램이거든요.

마이너스 이자를 줄 수 있다는 이유 때문에 전 세계 중앙은행들이 CBDC에 몰두한 거예요. 그런데 이게 서방에서는 받아들이기 어려운 개념이에요. 딱 프라이버시에 걸려요. 프라이버시를 강조하는 미국의 총기 옹호론자들과 비트코인 맥시멀리스트(신봉자)의 CBDC 반대론이 논리가 똑같아요. 정부가 우리 것을 갖고 간다. 그래서 우리는 정부에 대항해야 된다.

이들은 민주당 표는 아니에요. 공화당 표인데 공화당이 삐끗 잘못하면 이들은 투표를 안 하거든요. 이들이 투표하도록 하기 위해서 트럼프가 얘기했잖아요. CBDC 금지, 아예 추진을 금지시키겠다! 라고요. 그리고 호주 중앙은행은 2년 전에 발표했어요. CBDC 연구를 당분간 중지하겠다고. 왜냐하면 CBDC를 보면 볼수록 서구적 개념에서는 이게 너무 민주주의를 파괴해요. 명분은 그런 거고요. 실리는 뭐냐? 실제는 뭐냐 하면 은행들이 싫어해요.

그러나 케인지언(경제학자 케인스의 이론을 바탕으로 한) 경제정책을 하는 사람들은 이 CBDC 유혹을 견디기 어렵죠. 케인지언 정책이 잘 돌아갈 때의 문제는 정부의 빚이 늘어나는 건데요. 그 빚을 탕감하려면 인플레이션으로 빚을 날려야 하는데 프로그램이 가능한 돈, 썩어나가는 돈을 만들어내면 정부의 빚 없이도 소비 진작이 되거든요. 정부에서 CBDC를 선택한다면 딱 그것 때문에 선택하는 거죠.

김광석 : 기본적으로 블록체인 기반으로 CBDC를 운영할 경우 자금 추적이 가능하죠. 현금을 사용하는 지하경제가 많이 배제

될 가능성도 있고, 그런 면에서 중앙은행이나 정부에서는 좋아할 면도 분명히 있을 것 같습니다. 제가 이 CBDC의 흐름을 좀 추적했던 것을 가지고 말씀드려보면, 세계 어떤 중앙은행 등 준비는 다 했습니다. 왜냐하면 중국이 CBDC 체제로 움직이는 모습을 보니까 중국 공무원들 월급을 CBDC로 준다고? 이런 모습들을 보면서 아, 뭔가 준비는 해야 되겠다면서 모든 준비를 해온 상태이고 우리나라 중앙은행도 말씀하셨던 것처럼 2차 테스트베드까지 마무리를 했죠.

사용할 준비까지는 해놓고 상황을 봐가면서 할지 말지를 결정하는 그런 과정이었는데 결과적으로 지금은 중단한 상황입니다. 그러니까 준비가 안 된 게 아니라 준비는 됐는데, 이 체제로 전환할까 여부를 판단하고 있는 그런 움직임이지 않을까 이렇게 저도 생각을 해봅니다.

또 1시간 동안 오태민 교수님의 지정학과 코인시장에 영향을 미칠 만한 트럼프가 취할 방향성, 그리고 트럼프가 아닐 경우 그 반대의 효과가 날 수 있는 그런 방향성을 함께 그려보는 그런 시간이 되었던 것 같습니다.

TRUMP 2.0

★★★★★

4부

트럼프 2.0 시대의 산업 전망과 주식시장

박세익(체슬리투자자문 대표)

TRUMP 2.0

1장

미국 대선과 주식시장

긴 시간 동안 앞에서 좋은 말씀 많이 들어서 저도 정말 공부가 많이 된 것 같습니다.

지난 3분기 주식시장의 조정 이유는 9월 18일 단행된 FED(연방준비제도)의 금리정책에 대한 피벗이 있기도 했지만, 제가 봤을 때 제일 큰 조정의 원인은 과연 누가 47대 미국 대통령이 될 것인가 하는 불확실성 때문이라고 생각합니다. 나중에 주식시장의 이런 불확실성에 글로벌 펀드 자금들이 그동안의 포지션을 어떻게 변화시켰는지도 말씀드리겠습니다. 먼저 미국 대선 이후 주식시장에 대해 간단하게 요약하고 결론을 먼저 말씀드린 다음 설명을 이어나가겠습니다.

우리가 아는 주식의 대가 즉 워런 버핏, 피터 린치 그리고 얼마 전에 작고하신 찰리 멍거 이런 분들의 수많은 어록을 보더라도 미국 대선에 대한 얘기는 거의 없지 않습니까? 저는 우리나라 선거 직후에도 항상 이런 얘기를 많이 듣습니다. 어떤 얘기냐 하면 이런 대통령 하에서는 주식투자 못하겠다, 나라 망할 것 같다, 어느 대통령이 될 때마다 항상 똑같은 얘기를 들었어요. 아, 이 정권 하에서는 나라 망할 것 같아서 투자 못하겠다. 그럴 때마다 저는 늘 주식투자에 있어 정치는 중립으로 보세요. 하고 말씀드립니다. 사실 미국 대통령도 마찬가지입니다.

최근 3개월 동안의 조정 이유는 실제로 미국 대통령이 가지고 있는 엄청난 영향력 때문에, 그리고 투자자들이 제일 싫어하는 이 불확실성 때문입니다. '아, 지금 바이든 정부의 정책이 그대로 이어졌으면 좋겠는데 이게 뒤바뀔까? IRA(인플레이션 감소법) 법안을 바로 폐기한다고?' 이런 여러 가지 공약 때문에 투자자들이나 기업가들이 투자를 망설이게 되고, 그런 불확실성을 두려워했기 때문에 지난 8월 심한 변동성 장세가 연출됐던 거라고 봅니다. 좀 전에 언급한 투자의 구루들이 대선에 대한 분석이 없었다는 것에서 우리가 찾을 수 있는 해답은, 대선의 결과가 어떻게 나오든 주식시장은 갈 길을 간다는 것입니다.

제가 좋아하는 책 중의 하나가 마크 파버Marc Faber가 쓴 《내일의 금맥》인데, 그 책에 보면 이렇게 쓰여 있습니다.

"글로벌하게 주식시장과 부동산시장, 투자자산시장에 영향을 미치는 것은 Fed의 유동성 정책인 거죠. 그 유동성의 수도꼭지를 풀었다가 잠구었다가 하는 것은 Fed가 하는 건데 그 풀었을 때의 자금이 어디로 흘러가는지는 미국 정부가 정하는 것도 아니고 중앙은행이 정하는 것도 아니고 시장이 결정합니다."

그러면 그 시장은 어떤 논리로 움직이느냐? 무조건 생산성이죠. 생산성의 혁신, 이게 한마디로 시간과 노동, 자본의 효율성이잖아요. 코스트 대비 아웃풋이 많이 나오는 그런 기술을 가진 기업으로 돈이 흘러가게 되어 있습니다. 왜냐하면 그래야 마진이 높으니까요.

그런 원리로 시장이 흘러갈 것이기 때문에 2016년 트럼프와 힐러리가 싸웠을 때도, 2020년 트럼프와 바이든이 싸웠을 때도, 그때마다 주식시장에 관한 경제전문가들이 나와서 '이러이러한 정책에 의해 어떤 기업들이 수혜를 받을 것'이라고 했지만 제가 봤을 때는 거의 90% 영향이 없었어요.

하지만 우리가 어떤 후보들이 어떤 정책을 갖고 있는지 알아야 하기 때문에 오늘 이렇게 긴 시간 토론을 했다고 보고 있습니다. 그래서 주요 정책 비교 및 전망은 조금 짧게 하고 미국 대선과 주식시장, 과거 사례와 앞으로의 주식시장 현황과 전망에 대해서 말씀을 드리도록 하겠습니다.

2장

트럼프 2.0 시대의 주목할 섹터

2024년 해리스와 트럼프의 경제정책이 뭐가 다른지를 나타내는 다음과 같은 표를 많이 보셨을 겁니다. 세금, 관세 통상기조 그리고 대중국 정책이라든지 에너지 등 여러 가지가 있는데 가장 극명하게 갈리는 것은 아무래도 기후 에너지 쪽이죠. 또한 누가 당선이 되든 수혜를 입을 업종이라고 하는 것은 뭐니뭐니 해도 인프라 쪽이죠.

그리고 미국이 기술 패권을 놓치지 않으려고 하는 것은 초당적이잖아요. 그 초당적인 기술 패권이 IT와 반도체에 대한 기술이고, 또 하나가 제가 봤을 때는 바이오텍이에요. 바이오텍 같은 경우에는 어떤 정부가 되든 상관없지만 금리에는 굉장히 영향을 받습니다. 중앙은행의 피벗 때문에 우리나라에서도 바이오 주들

2024 미 대선 해리스 vs 트럼프 경제정책 전망

카멀라 해리스		도널드 트럼프
부자, 대기업 증세	**세금**	대규모 감세
관세는 인플레이션 심화	**관세**	중국에 60~100%관세, 보편적 기본관세 1 0%
국제협력 중시	**통상 기조**	양자 중시
디리스킹(공급망 위험 경감)	**대(對)중국**	디커플링(공급망 탕동조화)
친환경·탈탄소 정책, 전기차 보급 확대	**에너지**	화석연료 개발 확대, 전기차 세제혜택 축소
보장	**연준 독립성**	저해(저금리, 약달러 압박)

출처 : 한국일보

이 들썩거리는데 금리인하 기조가 계속 이어진다면 제약 바이오 섹터가 상당히 좋을 것 같습니다.

기후 에너지 정책에 대해서는 바이든 정부의 IRA 법 때문에 말이 많잖아요. 트럼프는 이 법을 바로 폐기한다고 하고, 해리스노믹스에서는 이 법안을 더욱 강화한다고 되어 있습니다. 하지만 정부가 어떤 정책을 쓰면 기업은 또 거기에 맞게끔 빠져나갈 구멍을 찾아서 움직입니다. 가장 최근의 사례가 엔비디아의 AI 가속기에 대한 건데, 중국 수출을 금지해버리니까 그 하위 버전을 만들어서 판 거죠. 그래서 우리는 '○○○ 대선후보의 정책 때문에 이렇게 될 거다'라는 생각을 안 하는 게 맞다고 봅니다. 기업은 살아 움직이는 생물처럼 생존을 위해 빠르게 그 정책에 맞게 움직이니까요.

가장 대표적인 사례가 IRA 법안이라고 생각합니다. 트럼프가 당선되면 바로 폐기되지 않을까 하고 생각하는데 실질적으로는 IRA 법안으로 여러 가지 혜택을 많이 보는 지역이 공화당 지역구거든요. 3,460억 달러 중 78%가 공화당 지역구에 투입됐기 때문에 이 공화당 지역구에서는 바이든 정부에서 이루어졌던 IRA 법안을 반대할 이유가 없어요. 우리가 그냥 개념적으로만 생각하고 있는 것과 실제로 영향을 미치는 것과는 약간 다르다는 거죠. 지금 공화당 지역이 '배터리 벨트'라는 별명을 얻을 정도로 바이든 정부의 IRA 법에 따른 혜택을 보고 있기 때문에 저는 트럼프가 됐다고 해서 IRA 법이 폐기되는 일은 없을 것 같다고 말씀드리고 싶습니다.

트럼프가 되면 에너지 정책에서 대표적인 것이 석유 시추 슬로건인 '드릴, 베이비 드릴Drill, baby drill'입니다. 즉, 석유 시추가 가능한 연방 토지와 해역은 무조건 에너지 공급을 늘릴 거라고 봅니다.

몇몇 증권사에서 나온 자료에 의하면, 과거 2016년에도 트럼프가 되면 정유업체와 석유화학업체가 좋을 거라고 되어 있었어요. 그런데 지나고 보니까 2017~2020년에 유가가 그다지 많이 오르지 못했고 석유업체 엑슨모빌의 주가도 별 재미가 없었습니다. 그래서 저는 대선 이후에도 에너지 정책 쪽에서 가장 많이 갈린다고는 하지만, 실질적으로 주가에는 큰 변화가 없을 거라고 말씀드립니다.

국내 투자자분들이 가장 많은 관심을 가질 부분은 바로 전기차에 관한 정책이죠. 앞서도 우리가 이 부분에 대해서 의견을 나눴지만 전기차도 지금 여러 가지 딜레마가 있습니다. 트럼프가 러스트 벨트를 살리고자 하니 미국의 장기적인 자동차 산업 경쟁력이 계속 약화되고, 전기차를 지원하면 미국의 전통 자동차 산업이 도태되니까요.

지난 트럼프 1.0 시기, 트럼프 1기인 2017~2020년에 보면 테슬라 주가가 엄청 올랐어요. 트럼프는 그때도 러스트 벨트를 살리겠다고 했지만 실제 시장과 미국 경제는 테슬라를 선택했다는 거죠. 트럼프 때문에 GM, 포드가 다시 회생된 건 아니잖아요. 저는 이번에도 똑같을 거라 생각합니다. 트럼프가 당선된다고 해서 테슬라를 중심으로 한 미국의 전기차 밸류체인이 크게 영향을 받는다고 생각하지 않습니다.

3장

세금과 주식시장

그다음 제일 중요한 정책은 사실 세금이에요. 세금이 왜 중요하냐면 만약에 비트코인의 매매 차익에 대해서 세금을 100% 때려버리겠다고 하면 비트코인의 가치가 폭락하겠죠. 그런 것처럼 주식도 마찬가지예요. 2016년 11월 트럼프가 당선됐을 때 시장은 확 빠졌거든요. 그런데 당시 저는 이번 대선에서 트럼프가 당선되면 최소한 6개월 이상 주식시장 상승 랠리Rally가 있을 것이라고 얘기했어요. 왜냐하면 트럼프가 법인세를 34%에서 15%로 낮춰준다고 공략을 했기 때문이에요.

주식시장에 있어 조세정책이 굉장히 중요한데요, 예를 들어 기업이 생산을 해서 마진을 남겼어요. 마진이 남으면 미국은 거의 90%를 주주한테 돌려주잖아요. 남은 수익이 전부 주주 몫인 거죠. 지금 미국의 법인세가 21%잖아요. 그 21%는 최종적으로 주주가 가져가야 할 몫에서 정부가 가져가는 거예요. 그런데 21%를 트럼프의 공략대로 15%로 낮추게 되면 그만큼 주주 몫이 늘어나는 거지요. 그렇게 주주 몫이 늘어나면 어떻게 될까요? 바로 EPS(주당순이익)가 올라가게 되고, 이는 기업의 미래 순현금흐름에도 긍정적인 영향을 주게 되므로 미국 기업 전체 주가 멀티플multiple(주가 배수)을 높이는 효과가 있어요.

이를 증명하는 사례로 우리가 잘 알고 있는 '버핏 지수Buffett Indicator'를 한번 보시죠. 이 지표는 주식시장의 전체 가치를 평가하는 데 사용되는 지표로, 주로 주식시장의 과열 여부를 판단하는 데 유용합니다. 이 지표는 버크셔 해서웨이의 CEO 워런 버핏이 자주 언급하면서 유명해졌는데요, 해당 국가의 주식시장 전체 시가총액을 국내총생산GDP으로 나누면 구할 수 있습니다.

$$\textbf{버핏 지수} = \frac{\textbf{국가의 주식시장 시가총액}}{\textbf{국내총생산 (GDP)}}$$

2008년 금융위기가 오기 전에도 보면 시가총액하고 GDP가 거의 100% 넘는 선에서 확 빠졌거든요. 그런데 최근에는 200%가 넘는데도 주식시장이 잘 안 빠지잖아요. 거기에는 법인세가 분명히 영향을 줬다고 봅니다. 2017년 12월에 트럼프는 법인세율을 35%에서 21%로 낮췄는데, 이제 2기에서는 15%까지 낮출 거라고 하잖아요. 이런 것을 볼 때 법인세에 대한 부분은 분명히 주식시장에 영향을 주고 있습니다.

그런데 여기에서 또 하나 갸우뚱하게 만드는 게 2020년 11월 바이든이 당선되면서 나는 법인세 28%까지 올릴 거야 했는데 못 올렸습니다. 그래서 이번에도 해리스가 되면 법인세를 28%까지 올린다, 이런 얘기를 하는데 과연 올릴 수 있을까 하는 그 부분을 생각해봐야 됩니다. 이 세금에 대한 정책은 주식시장에 직접적으로 영향을 주는 정책이긴 하지만 공약대로 잘 안 이루어진다는 걸 말씀드리겠습니다. 지금 미국은 미국 기업을 최대한 살리려고 하는데 법인세를 올리면 경쟁력이 없어지는 거잖아요. 그래서 만약 해리스가 된다고 해도 아마도 법인세를 다시 올리지는 못할 수도 있다고 봅니다.

앞에서 전쟁 이야기 많이 해주셨는데 해리스는 바이든 대통령과 마찬가지로 우크라이나 전쟁 승리를 위해서 계속 지원한다면서도 러시아 본토를 공격하는 건 안 된다고 합니다. 어떻게 보면 이 전쟁을 길게 끌고 가면서 미국이 누릴 이익은 다 취하는 것으로 보입니다. 그래서 최근까지 록히드 마틴(미국 방산업체) 주가는 신고가를 경신하며 오르고 있었습니다.

거기에 맞춰서 우리나라 방산업체들 주가도 낙수효과Spill-over effect로 인해 최근 2년 동안 상당히 강했거든요. 한편, 트럼프는 대통령이 되면 우크라이나 전쟁을 단번에 종식시키고, 중동 정세를 안정화하겠다고 공약해 왔기 때문에 트럼프 당선 시 록히

록히드 마틴(LMT) 주봉차트

현대로템 주봉차트

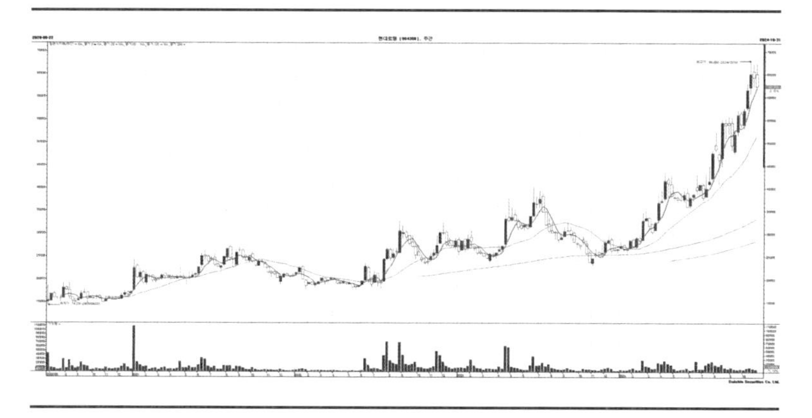

드 마틴뿐만 아니라 우리나라 방산업체들의 주가도 상세 추세가 꺾일 가능성이 있으니 투자에 주의해야 합니다.

앞에서 관세 이야기를 많이 하셨는데, 투자자들은 관세를 높이면 대공황이 올 수도 있다는 트라우마가 있거든요. 그런데 트럼프는 대통령이 되면 무역수지 개선과 국내 생산 촉진을 위해 모든 수입품에 10~20%의 보편적 관세를, 중국산 제품에는 60% 추가 관세를 부과한다고 공언했죠. 사실 관세전쟁 전에는 중국하고 미국하고 어떻게 보면 사이좋은 공생 관계였습니다.

즉, 너희 중국이 공산품을 싸게 만들어줘. 그러면 미국은 값싼 중국산 제품을 사면서 초과 발행된 달러는 내보내게 되니 물가도 안정되고 좋아. 그리고 중국은 무역으로 번 달러로 다시 미국 국채를 사면서 미국 정부의 재정을 도와주지 하는 관계였어요.

중국이 2001년 세계무역기구WTO에 가입한 이후 이런 공조체제가 굳건하게 유지됐었는데, 지금은 이 공조 시스템에 큰 균열이 가고 있다고 보았을 때 투자자 입장에서는 트럼프보다 해리스가 됐으면, 하는 바람이 있었습니다.

아까 중국을 견제하는 두 가지 방법이 있다고 했잖아요. 하나는 관세를 때려서 중국을 견제하는 것이고, 다른 하나는 관세를 때리지 않으면서 IRA 법처럼 자국 기업에 그냥 보조금을 주는 거예요. 아예 돈을 그냥 찔러주는 것이죠.

아이러니하게도 미국은 1988년에 도입한 슈퍼 301조(무역법 301조)를 통해 보조금과 관세와 같은 무역장벽을 줄이거나 제거하기로 했고, 다른 나라에서 불공정한 무역 관행을 저지를 경우 미국은 이 슈퍼 301조로 보복성 관세를 부과하면서 다른 나라가 직간접적으로 자국기업 지원이나 보호를 못하게 했거든요. 그런데 지금은 미국이 대놓고 하고 있어요. 미국이 하니까 뭐 할

말없는 거죠. 그래서 어차피 중국에 대한 견제는 어느 정부나 똑같이 하는 건데, 투자자 입장에서는 관세를 때리는 공화당보다는 보조금을 주는 민주당의 정책이 오히려 좀 편하다 그런 생각을 하고 있습니다.

지난 7월 트럼프의 피격 사건이 있으면서 사실 2024년 하반기 조정이 시작됐어요. 그 이후에 BOJ(일본은행)의 금리인상 그리고 Fed의 금리인하에 대한 말들로 노이즈가 많았지만 제가 봤을 때 이번에 조정이 생각보다 좀 빨리 왔던 이유는 트럼프 피격사건으로 인해 아, 트럼프가 되겠구나, 앞으로 정책이 확 바뀌겠는데? 하는 분위기 때문이라고 생각됩니다. 왜냐면 투자자들은 변화를 싫어하거든요. 트럼프로 바뀌면서 4년 동안 바이든 정부가 추진해온 정책이 바뀌게 되면 여러가지로 골치 아프잖아요. 그리고 관세를 높이면 무조건 수입 물가가 올라가게 되고 1930년대 대공황 때처럼 세계 교역이 위축될 수 있으니까요.

그런 부분에 대한 우려가 생기면서 8월 초 시장이 출렁거렸다고 봅니다. 그런데 트럼프가 과연 관세를 60%까지 때릴 수 있을까요? 과거에 우리는 트럼프를 한번 겪어봤잖아요. 트럼프가 2018년 2월부터 미중 무역분쟁을 야기시켰는데 결국 본인의 재선 선거가 있었던 2020년 1월 15일에 중국하고 전격적으로 무역합의를 도출해요. 여기 이 정도 선에서 하자 하며 합의를 했죠.

트럼프는 거래의 달인이잖아요. 트럼프의 책 《불구가 된 미국》에 나오는데 매드맨madman(미치광이) 전략인가요? 종잡을 수 없는 것이 자신이 가진 장점 중의 하나라고 말하죠. 약간 미친 놈처럼 보여서 얘 건드리면 안 되겠네, 그런 식으로 만들어놓고 언제나 굉장히 합리적인 선에서 협상을 했기 때문에 아마도 모두가 우려하는 고율의 관세 폭탄은 없지 않을까 하는 생각도 해봅니다.

그다음 우리나라는 수출로 먹고 사는 나라이다 보니 아무래도 환율이 제일 중요합니다. 그런데 트럼프가 되면 환율 변동성도 조금 커질 수 있고 고관세 때리고 고금리 장기화되면 계속 킹달러가 유지될 수밖에 없습니다. 이런 부분들이 미 대선 전 시장을 불안하게 만들었던 원인이었는데, 정작 트럼프는 옛날 대통령 시절에 강달러는 미국 수출에 매우 불리하다면서 우리나라와 중국을 싸잡아가지고 환율 조작국으로 지정했지요. 트럼프는 오히려 약달러를 원했어요. 그런 걸 보면 트럼프가 된다고 했을 때 강달러일까 약달러일까? 약간 헷갈리는 면이 있기도 합니다.

4장

대선이 있는 해의 주식시장

결론적으로 한국경제에 대한 영향인데요. 대선 결과에 관계없이 보호무역주의는 강화가 예상됩니다. 2021년 트럼프 정권에서 바이든 정권으로 넘어가면서 이제 중국 때리기는 조금 누그러지나 했더니 오히려 더해졌잖아요. 그래서 '아, 이건 미국이 과거 일본과 소련을 견제했던 것처럼 초당적으로 중국을 견제하는 거구나.'라고 생각합니다.

중국은 배제하고 이제는 인도인데요, 2022년 바이든 정부가 인도를 중심으로 한 경제협력 프레임을 만들었잖아요. 인도-태평양 경제 프레임 워크IPEF라고. 과거 2001년도에 중국을 WTO에 가입시키고 중국을 세계의 공장 역할을 하게 해주다가 아까 오태민 교수님께서 말씀하셨듯이 감히 중국이 미국의 패권에 도

전해? 일대일로? 위안화를 기축통화로 만들려고? 중국, 안 되겠네, 하면서 이제는 중국을 러시아처럼 고립시키는 전략으로 들어갔다고 생각합니다.

그렇다면 우리 같은 투자자 입장에서는 2001년도에 베이징에 집을 사놓았더라면, 2004년 초에 귀주모태주를 샀더라면 100배 수익이 났을 텐데, 라는 생각을 한 번씩은 해보셨을 겁니다.

귀주모태주Kweichow Moutai **주봉 차트(2004.3-2024.10)**

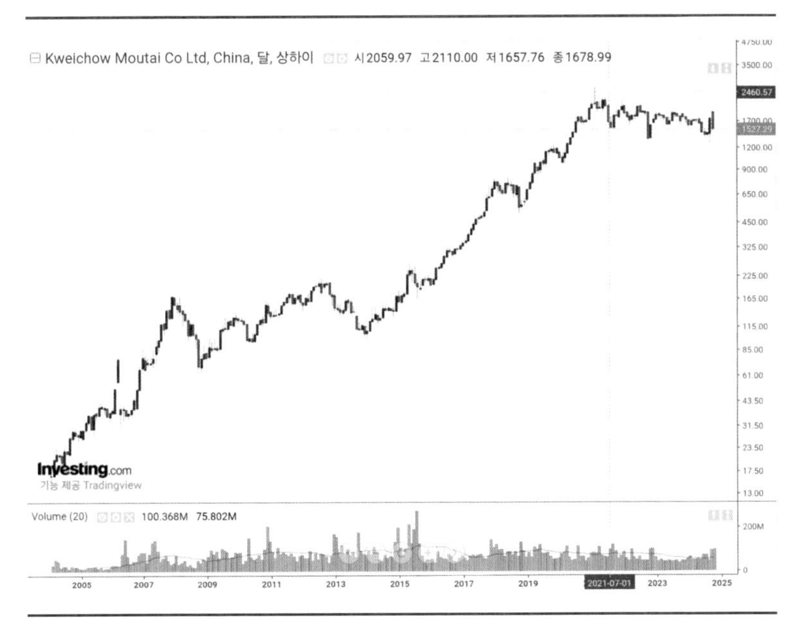

출처 : Investing.com

이제는 인도-태평양 경제 프레임으로 바뀌었기 때문에 제가 보았을 때 앞으로 20년은 과거 20년 동안의 중국이 그대로 인도로 옮겨진다고 생각합니다. 그래서 인도지수를 추종하는 ETF도 좋지만, 우리나라의 삼성그룹과 같은 기업을 찾아 투자하면 큰 수익이 날 거라 생각해요. 그게 타타 그룹인지 아니면 릴라이언스 인더스트리인지 인도 투자에 대해서는 공부를 좀 하는 게 좋지 않을까 하는 생각을 하고 있습니다.

이제 다시 미국 주식시장으로 돌아와서 조금 더 구체적으로 미국 대선이 끝나고 나면 주식시장이 어떤 식으로 흘러갈지에 대한 전망을 해보겠습니다.

미국 대통령 선거와 주가 상승률

구분	대통령	소속	비고	연초	선거일	주가 상승률	연간 상승률
1980 11-04	로널드 레이건	공화당		107.9	129	20%	25.77%
1984 11-06	로널드 레이건	공화당	재선	164	170.4	4%	1.40%
1988 11-08	조지 H.W. 부시	공화당	재선 실패	255.9	275.1	8%	12.40%
1992 11-03	빌 클린턴	민주당		417.3	419.9	1%	4.45%
1996 11-05	빌 클린턴	민주당	재선	620.7	714.1	15%	20.26%
2000 11-07	조지 W. 부시	공화당		1,455.20	1,431.9	-2%	-10.14%
2004 11-02	조지 W. 부시	공화당	재선	1,108.50	1,130.5	2%	8.99%
2008 11-04	버락 오바마	민주당		1,447.16	1,005.75	-31%	-38.49%
2012 11-06	버락 오바마	민주당	재선	1,277.06	1,428.39	12%	13.41%

2016 11-08	도널드 트럼프	공화당		2,012.66	2,139.56	6%	9.54%
2020 11-03	조 바이든	민주당	재선 실패	3,257.85	3,369.16	3%	16.26%
2024 11-05	선거 예정						

- 재선 선거 연도 평균 수익률 : +6%
- 45년 간 연평균 수익률 : +9.2%

미국 대통령 선거와 주가 상승률은 1980년 로널드 레이건 대통령 시절부터 연초 주가와 선거일의 주가, 그리고 선거일까지의 주가 상승률과 연말까지 한해 전체 주가 상승률을 나타낸 표예요.

1980년 레이건 대통령 시절에는 연초부터 선거일까지 20% 올랐고, 연말까지 추가 상승하며 +25.77%로 마감했어요. 반면, 1984년 레이건의 재선 때는 선거일까지 4% 올랐다가 연말에는 +1.4%로 오히려 상승폭이 줄어들면서 끝났지요. 1980년 이후 총 11번의 대통령 선거가 있었는데, 8번은 대선 이후에도 주가가 추가적으로 상승했고, 나머지 3번은 대선 이후 상승폭을 반납하며 하락폭이 더 커졌어요.

퀀트투자 기법으로 '할로윈 전략'이라는 투자법이 있습니다. 10월 말 할로윈 데이에 주식을 사서 그다음 해 5월에 팔면 희한하게 1년 내내 주식을 보유하는 것보다 수익률이 훨씬 좋아요. 그게 미국만 통하는 게 아니라 우리나라, 독일, 일본시장 등등 희한하게도 모두 통합니다.

미국 대통령 선거는 11월 초에 있잖아요. 그리고 11월, 12월에는 늘 할로윈 전략으로 들어오는 단기 투기성 자금 때문에 연말 연초에는 주가가 오를 확률이 매우 높아요. 그래서 저는 선거 이후에 누가 되었든 주가는 오른다고 내다보고 있습니다.

참고로 미국 대통령 재선이 있는 해의 S&P 500 평균 수익률은 +6%에요. S&P 500의 45년간 장기 연평균 수익률 +9.2%보다는 낮은 수익률이죠. 이 말은 대통령 선거가 있는 해는 통계적으로 주식투자로 고수익을 내는 것이 쉽지 않다는 뜻이기도 해요. 그렇다면 투자자들의 전략은 대통령 선거가 있는 해는 다소 보수적인 투자 전략이 바람직하다고 볼 수 있어요.

골프로 예를 들어보면, 골프장에서 초보자와 고수를 구별하는 방법이 있어요. 고수들은 스코어 카드를 보면서 내가 치는 이번 홀이 핸디캡 몇 번인지를 확인해요. 모든 골프장의 코스는 1번부터 18번 홀까지 난이도가 적혀 있어요. 그걸 핸디캡이라고 하고, 18개의 홀 중에 핸디캡 1번 홀이라고 하면 그 골프장 18개 홀 중에서 제일 어려운 홀이라는 뜻이에요.

골프장의 핸디캡과 같이 주식투자에 있어서 대통령 재임 4년 중에 가장 난이도가 높은 해는 대통령 2년차예요. 이때는 미국 중간선거가 있는 해죠.

기억을 되새겨 보면 2022년 -19.95% 로 안 좋았잖아요. 2018년도에도 -6.24%로 안 좋았어요. 그리고 특히 중간선거가 있는 해의 5월에서 10월은 정말 조심해야 하구요. 저는 이 기간이 투자자에게는 진정한 핸디캡 1번이라고 봐요.

그다음 핸디캡 2번, 두 번째로 어려운 장이 언제냐면 미국 대통령 선거가 있는 4년차의 5월에서 10월이에요.

그래서 연초에 2024년 주식시장을 전망하면서 대통령 선거해의 평균 수익률은 6%이므로 올해도 미국시장은 올라는 가는데 울퉁불퉁한 변동성을 보이면서 아주 힘겹게 올라갈 것이라고 전망하였습니다.

우리나라 시장도 마찬가지고요. 코스닥은 특히 변동성이 심할 거니까 스키로 따지면 모굴 스키장의 슬로프처럼 업다운이 아주 심해 손실을 많이 입은 부상자가 속출할 거라고 말을 했죠. 역시나 2024년 하반기에는 코스피, 코스닥 할 것 없이 국내 투자자들에게는 많은 스트레스를 주면서 아주 힘든 장을 연출했습니다.

우리가 고스톱이나 포커를 칠 때도 패가 좋을 때 쳐야 되잖아요? 그래서 다음 2년 뒤인 2026년이 핸디캡 1번이라는 것을 반드시 기억해두셨으면 합니다.

사실 주가의 흐름은 비트코인 수익률과 거의 비슷하게 나타나기 때문에 코인을 하시는 분들이나 주식을 하시는 분들은 반드시 외워놓으시기 바라겠습니다.

다음의 차트는 S&P 500의 연봉 차트예요. 대선이 있었던 해는 연봉 차트에 동그라미를 쳤습니다.

1982~2024년까지의 S&P 500 연봉 차트

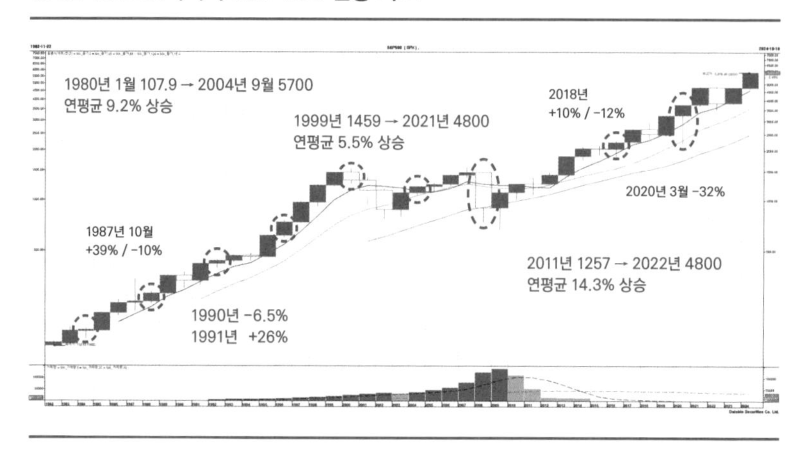

출처 : 대신증권

동그라미를 쳐놓은 걸 보면 미국시장은 확실히 양봉陽棒이 많습니다. 양봉의 의미는 연초의 시초가 대비 연말 종가가 높게 끝나면 저렇게 빨갛게 표시가 되는데, 표를 보면 웬만하면 상승해서 끝난다는 것을 보여줍니다.

음봉陰棒(시가보다 종가가 하락한 경우. 푸른색 막대)으로 난 경우는 딱 두 번밖에 없었어요. 4년마다 대통령 선거가 있으니까 1984~2024년 40년 동안 S&P 500은 양봉이 8번, 음봉이 2번이었어요. 그래서 저는 확률을 기반으로 2024년은 양봉이며 상승장이라고 말씀드렸던 겁니다.

4년 전인 2020년에도 잘 생각해보시면 코로나19가 터졌음에도 불구하고 밑꼬리 길게 달면서 확 빠졌다가 결국은 플러스 양봉으로 끝났잖아요. 그래서 이런 퀀트 데이터Quant Data를 보면서

트럼프 1기의 유가(WTI)

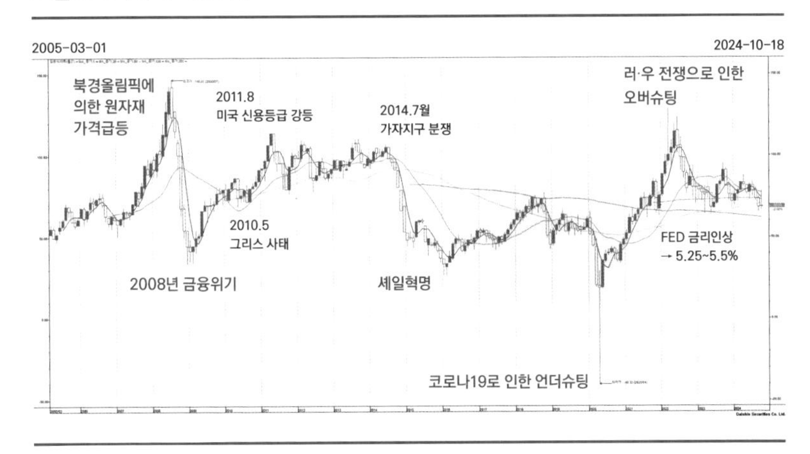

– 박스는 트럼프 당선 이후부터 차기 대선 전까지(2016.11~2020.11) **출처 : 대신증권**

저는 한 해의 투자 전략을 수립하고, 중간중간 돌발 변수가 발생 시에는 수정을 하면서 투자를 합니다.

또 다른 케이스를 보면, 위의 표에 파란색 박스로 쳐놓은 게 바로 트럼프 재임기간이에요. 2017~2020년. 그때는 트럼프가 당선되면 유가가 올라갈 거라는 예상이 많았습니다. 실제로 트럼프가 취임한 이후에 유가가 2018년 10월 초까지는 계속 올라갔었고요. 그런데 유가가 70달러에 근접하자 트럼프는 짜증을 냅니다. 유가가 저렇게 올라가면 사우디 좋은 일만 시키는 거예요. 미국의 물가상승에 영향을 주고, 소비를 위축시키게 되니 짜증을 낸 겁니다. 그렇게 트럼프가 한마디 툭 내던지면 유가는 다시 빠졌고요. 위의 서부텍사스산중질유WTI 가격 그래프를 보면 알 수 있습니다.

트럼프 1기의 엑슨모빌 주가(2005.3-2024.10)

- 박스는 트럼프 당선 이후부터 차기 대선 전까지(2016.11~2020.11) **출처 : 대신증권**

그리고 트럼프와 정유사인데요. 아래 차트가 바로 엑슨모빌 주가입니다. 엑슨모빌은 얼마 전에 다우지수에서 92년 만에 퇴출이 됐죠? 그런 수모를 겪은 엑슨모빌이 2005~2007년 이때는 전 세계 시가총액 1위였고 1990년대에도 전 세계 시가총액 1등을 여러 번 했어요.

그럼에도 불구하고 이번에 탈락을 했는데 자세히 보시면 저 파란색 박스가 트럼프 재임기간의 엑슨모빌 차트 모습이에요. 박살나고 있잖아요. 그래서 트럼프가 당선되고, 공화당이 되면 석유화학과 정유사한테 좋다! 이런 얘기가 많이 나오는데 순진하게 믿으시면 안 된다는 거죠.

그리고 트럼프와 빅테크도 마찬가지입니다. 어떤 빅테크는 트럼프를 지지하고, 어떤 빅테크는 민주당을 지지합니다. 아래의

트럼프 1기 메타와 아마존 주가

2015-12 메타 플랫폼스 2022-9

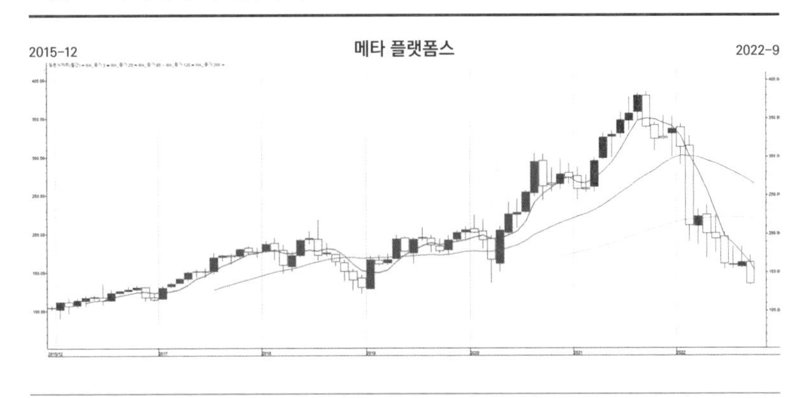

2015-8 아마존 2022-5

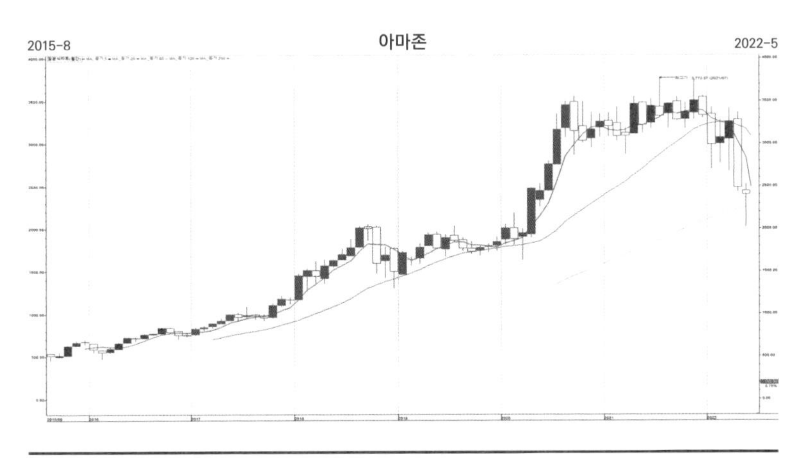

- 박스는 트럼프 당선 이후부터 차기 대선 전까지(2016.11~2020.11) 출처 : 대신증권

파란 박스는 트럼프 재임 시절의 주가 움직임을 표시해 놓았는데요. 트럼프 재임 직전이나 직후를 포함해 메타, 아마존, 마이크로소프트와 같이 효율성이 좋아지는 기업은 민주당을 지지했지만 주가는 올라갑니다. 즉, 정권하고 상관없이 주가는 시장원리대로 움직인다는 것을 알 수 있습니다.

5장

트럼프 2.0 시대와 한국 주식시장

우리나라 시장에 투자하시는 분들, 최근에 금융투자소득세(금투세) 이슈도 있고 여러 가지로 스트레스를 많이 받고 계시죠. 도저히 국장에서는 투자 못하겠다 하는, 지금 그런 아쉬운 부분이 많이 나타나고 있는데요.

그런데 아래 2개의 차트를 보시면, 위쪽이 2016년이고 아래쪽이 2024년인데요, 차트가 굉장히 비슷하다는 것을 알 수 있습니다.

2016년에는 트럼프와 힐러리가 붙었잖아요. 이번에는 트럼프와 해리스가 붙고, 그 전에는 트럼프와 바이든이 붙었죠. 그런데 저는 이번에도 트럼프이기 때문에 2016년과 주가 움직임은 조금 비슷하지 않을까 생각했습니다. 실제 표를 보면 2016년과

2016년과 2024년 코스피 지수

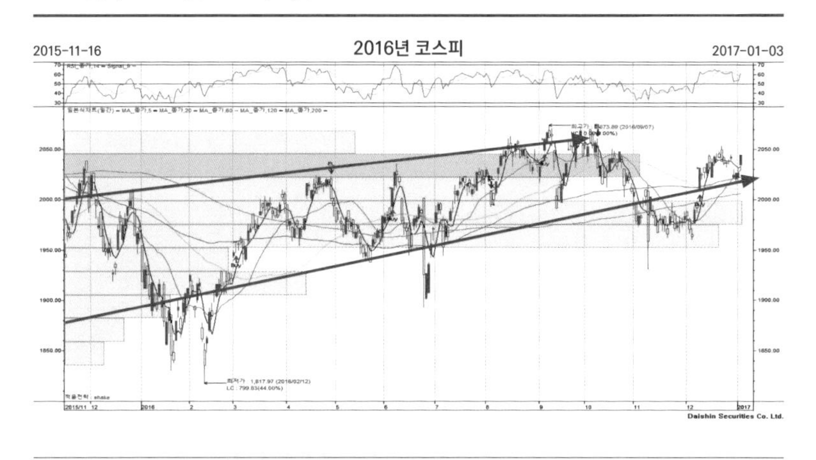

출처 : 대신증권

2024년 모두 코스피가 우상향은 하는데 왔다갔다를 많이 하고, 2016년에도 2024년처럼 지지선을 한번 깨잖아요. 그때는 브렉시트Brexit(영국이 유럽 연합을 탈퇴한다는 의미로 영국(Britain)과 탈퇴(exit)를 합쳐서 만든 합성어) 투표가 있었죠. 그런데 잘 보시면 그때도 대통령 선거 전에 차트가 무너져요. 선거 전에 이 우상향 하는 지지선이 무너지면서 한 번 이탈이 됐다가 선거가 끝나고 나서 다시 저 추세선으로 복귀가 됩니다.

2024년 차트에 보여지듯 지난 8월 코스피는 2,380까지 한 번 빠졌잖아요. 이런 모습이 대통령 선거에 대한 불확실성으로 과거 2016년에도 비슷하게 나왔던 조정이라는 거죠. 그런데 저런 조정이 나올 때마다 경제방송에서는 뭐라고 얘기하냐면, 하드랜딩(경제의 급격한 추락)이 시작된다. 장단기 금리차가 역전되고 항상 오는 리세션이 이제는 진짜 시작된다, 이런 얘기로 투자자들의 마음을 더욱 불안하게 만들죠.

그다음은 코스닥인데요. 제가 올해 코스닥은 웬만하면 4월까지는 다 팔고 10월 말까지는 좀 쉬는 게 좋다고 말씀드렸던 이유가 있어요. 아래 차트는 2016년이고요, 그다음 차트가 2024년입니다.

2016년 차트를 보세요. 위에서 왔다갔다 하다가 박살나잖아요. 7, 8, 9월로 가면서 저렇게 박살이 났기 때문에 이번에 코스닥은 좀 피해 있으라고 말씀드렸던 거예요. 이번에 저점을 깬 것도 모양이 똑같아요. 그렇죠? 2023년 말 2024년 초에 저점을 깨는 모습이 나왔습니다. 그렇다면 저 이후에는 어떻게 될까요? 2025년에는 좋아진다고 볼 수 있죠. 이제 한 달 남았는데요. 조금만 더 버티시라고 말씀드립니다.

그런데 왜 이렇게 비슷한 모양이 반복될까요? 먼저 인간은 망

2016년과 2024년 코스닥 지수

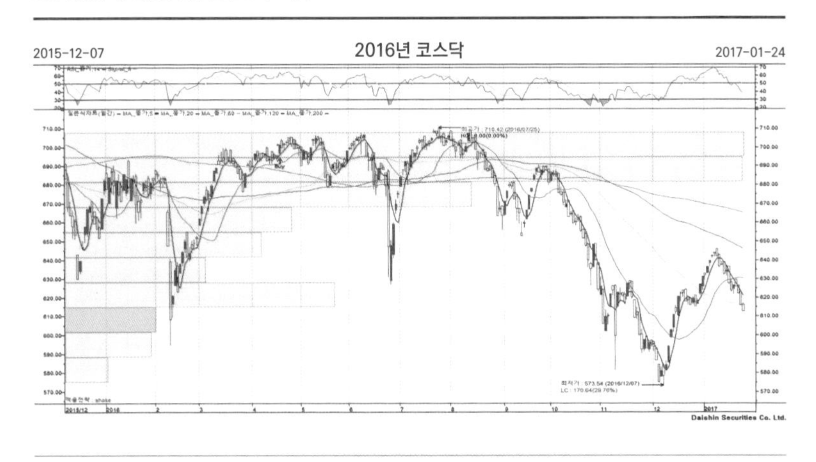

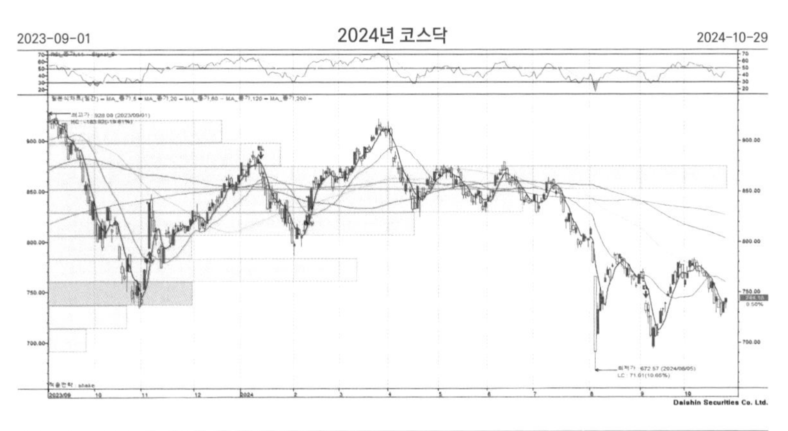

출처 : 대신증권

각의 동물입니다. 저도 깜빡깜빡하거든요. 과거에 했던 실수를 다시 똑같이 되풀이한다는 거죠.

두 번째는 초보자들이 계속 유입이 되면서 내가 옛날에 했던 실수를 똑같이 하고 있다는 것이고, 세 번째는 주식을 사는 순간 과거의 데이터를 다 무시하게 되는 확증편향 때문이에요. 주식을 내가 갖고 있는 순간 '그건 과거의 데이터야. 이번에는 안 그럴 수도 있잖아.' 이런 식의 확증편향과 보유편향 때문에 희한하게도 똑같은 실수가 반복됩니다.

내년 미국 대통령 1년차에는 코스닥으로 돈 벌기가 좋습니다. 왜냐하면 1998년부터 그동안의 주식시장 수익률 데이터를 보면 코스닥의 홀수 연도 평균 수익률이 무려 40%가 나옵니다. 코스피도 한번 보세요. 홀수 연도에는 평균 +25.3% 평균 수익률이 나오거든요.

그런데 짝수 연도를 보면 처참합니다. 짝수 연도의 코스닥 평균 수익률은 마이너스 17.5%예요. 1998년 이후로 짝수 연도에 + 수익률이 난 경우는 2014년과 2020년, 딱 두 번 밖에 없습니다. 2020년에 코스닥이 플러스가 난 것도 연초에 코로나 때문에 -37.4%나 급락한 뒤에 FED가 제로 금리를 만들어주면서 유동성 효과 때문에 +44%가 난 것이죠.

그러니까 항상 대통령 선거가 있고 중간선거가 있는 그런 짝수 해 말고, 코스닥은 웬만하면 홀수 해만 투자하세요. 짝수 해에 하락이 크면 클수록 홀수 해는 큰 수익이 납니다. 내년은 2025년 홀수 해입니다. 전통적으로 미국 대통령 1년차에는 주식시장 수익률이 좋으니까 내년에 모두 대박 나길 바랍니다.

1998년 이후 홀수 연도와 짝수 연도 수익률

홀수연도					짝수연도				
연도	KOSPI		KOSDAQ		연도	KOSPI		KOSDAQ	
	YTD	평균	YTD	평균		YTD	평균	YTD	평균
1999	82.8%	25.3%	240.7%	39.9%	1998	49.5%	-1.5%	-23.0%	-17.5%
2001	37.5%		37.3%		2000	-50.9%		-79.5%	
2003	29.2%		1.2%		2002	-9.5%		-38.6%	
2005	54.0%		84.5%		2004	10.5%		-15.2%	
2007	32.3%		16.2%		2006	4.0%		-13.6%	
2009	49.7%		54.7%		2008	-40.7%		-52.9%	
2011	-11.0%		-2.1%		2010	21.9%		-0.6%	
2013	0.7%		0.7%		2012	9.4%		-0.8%	
2015	2.4%		25.7%		2014	-4.8%		8.6%	
2017	21.8%		26.4%		2016	3.3%		-7.5%	
2019	7.7%		-0.9%		2018	-17.3%		-15.4%	
2021	3.6%		6.8%		2020	30.8%		44.6%	
2023	18.7%		27.6%		2022	-24.9%		-34.3%	
KOSPI 지수는 98년 이후 13번의 홀수해동안 12번 상승 평균 25.3% 98년 이후 13번의 짝수해동안 7번 상승 6번 하락 평균 -1.5%					KOSPI 지수는 98년 이후 13번의 홀수해동안 11번 상승 평균 39.9% 98년 이후 13번의 짝수해동안 2번 상승 11번 하락 평균 -17.5%				

6장

경기침체는 올 것인가?

자, 이제부터는 내년 경기침체 가능성에 대해 설명을 드리겠습니다. 최근 대선 이후의 리세션 이야기가 좀 많이 나오고 있지 않습니까? 그런데 최근처럼 금리를 공격적으로 올렸던 게 폴 볼커가 연준의장을 했던 1980~1982년까지였습니다. 지금 좀은 회색 영역으로 되어 있는 게 1980년 초에 있었던 리세션이고, 그리고 두 번째 조금 굵은 회색이 1981~1982년 하반기까지 있었던 두 번째 리세션이었구요.

그 이후 1983년이 되면 실업률이 10%까지 올라갑니다. 실제로 굉장히 안 좋은 리세션이었어요. 그런데 이때 당시 주가는 어떻게 됐나요? 아래 주가 차트를 보시면 1980년 25.77% 올랐고요. 1981년 리세션 당시 -9.7% 빠졌고, 1982년에 리세션이 좀

1977~1985년 10년물 미국채금리 & FED정책금리

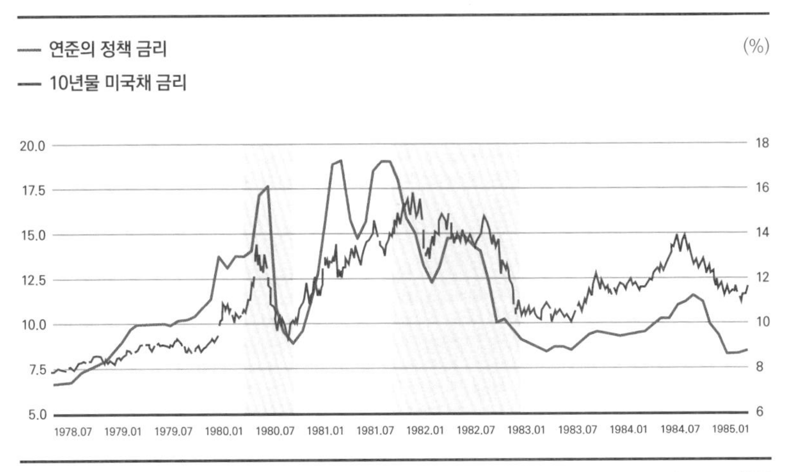

출처: Board of Govemors of the Federal Reserve System (US)

길었잖아요. 리세션이 길었는데도 14.7%나 올랐어요. 1983년에 미국의 실업률이 10.8%가 되거든요? 주가는 17%나 올랐어요.

그 이후 1983년이 되면 실업률이 10%까지 올라갑니다. 실제로 굉장히 안 좋은 리세션이었어요. 그런데 이때 당시 주가는 어떻게 됐나요? 아래 주가 차트를 보시면 1980년 25.77% 올랐고요. 1981년 리세션 당시 -9.7% 빠졌고, 1982년에 리세션이 좀 길었잖아요. 리세션이 길었는데도 14.7%나 올랐어요. 1983년에 미국의 실업률이 10.8%가 되거든요? 주가는 17%나 올랐어요.

S&P 500 월봉 차트(1978.3-1992.7)

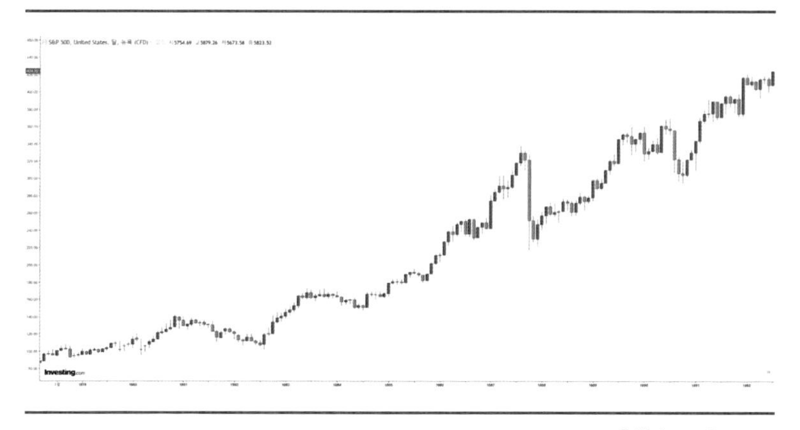

출처: Investing.com

이런 모습이었기 때문에 우리가 리세션이 오는 것에 대한 많은 걱정을 하시는데, 아까 김광석 교수님께서 말씀하셨던 것처럼 약간 리세션이 마일드하게 오면 10년물 국채금리가 저렇게 헤드 앤 숄더 패턴처럼 나오고 두 번째 회색 영역에서 확 빠지잖아요? 저 오른쪽 어깨에서 10년물 국채금리 떨어질 때부터 주가가 위로 빵 뜁니다. 10년물 국채금리 모양을 잘 기억해놓으시기 바랍니다. 최근에 10년물 국채금리가 1982년과 매우 비슷한 모양을 하고 있습니다.

2021~2024년 10년물 미국채금리 & FED 정책 금리

— 10년물 미국채금리
— FED 정책 금리

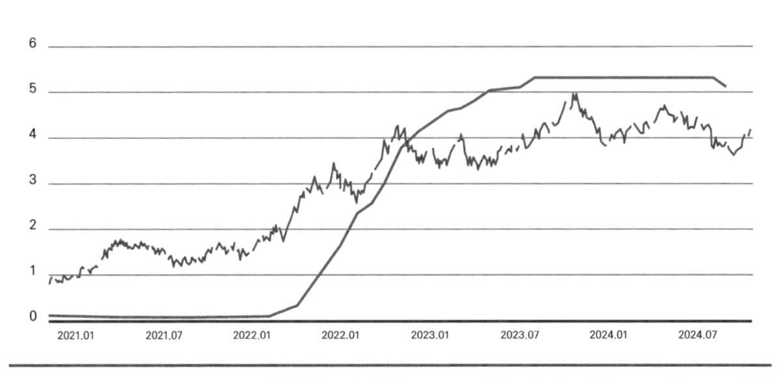

출처: Board of Govemors of the Federal Reserve System (US)

경기침체가 하드랜딩이냐 소프트랜딩이냐는 무조건 실업률에 달려 있어요. 아래 실업률 차트를 보면 코로나 때 14.8% 갔었고, 앞서 2008년 금융위기 때도 올라가기 시작해서 2009년 11월이 되면 10%를 찍습니다. 2000년 닷컴버블이 붕괴되었을 때는 6%까지 갔습니다.

그래서 이번이 하드랜딩인지 아닌지는 2025년 상반기까지 실업률이 5%를 뚫지 않으면 그냥 괜찮네 하고 해석하셔도 된다고 생각합니다. 그런데 실업률은 전형적인 후행지표잖아요. 주식은 선행지표인데 실업률은 후행지표이기 때문에 우리가 실업률을 보면서 투자하면 이미 늦은 거죠.

그러면 우리가 실업률이 올라갈 걸 미리 알 수는 없을까요?

알 수 있습니다. 신문을 보시면 돼요. 무슨 기업이 망한다, 이런 얘기가 반드시 나와야 돼요. 그래서 닷컴버블 때는 e토이즈, 더 글로브닷컴, 엔론 그리고 월드콤 등 많은 기업이 망했어요. 우리나라에서도 많은 닷컴 아류 기업이 닷컴버블 붕괴 때 망합니다.

경기침체를 동반한 약세장의 특징

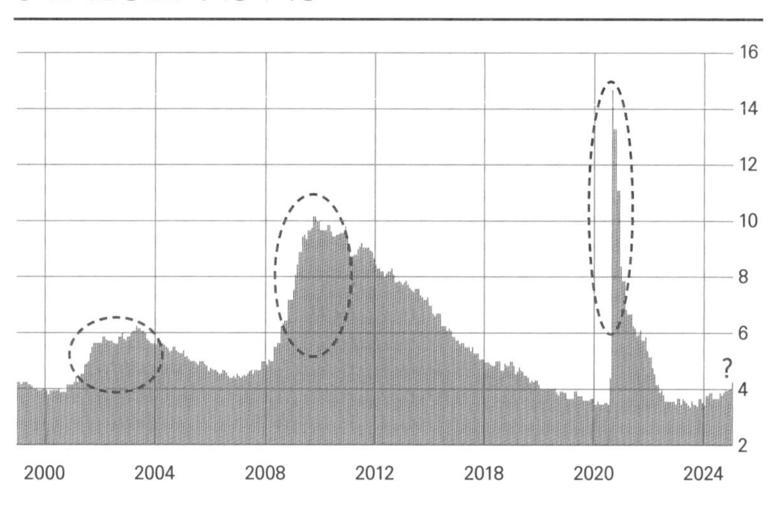

발표일	시간	실제	예측	이전
2024년 08월 02일(7월)	21:30	4.3%	4.1%	4.1%
2024년 07월 05일(6월)	21:30	4.1%	4.0%	4.0%
2024년 06월 07일(5월)	21:30	4.0%	3.9%	3.9%
2024년 05월 03일(4월)	21:30	3.9%	3.8%	3.8%
2024년 04월 05일(3월)	21:30	3.8%	3.9%	3.9%
2024년 03월 08일(2월)	22:30	3.9%	3.7%	3.7%

Hard landing 인지,
Soft landing 인지,
결국
'실업률'에 달려 있다.

출처: 체슬리투자 자문

AI 버블 점검 – 닷컴버블 1995~2000

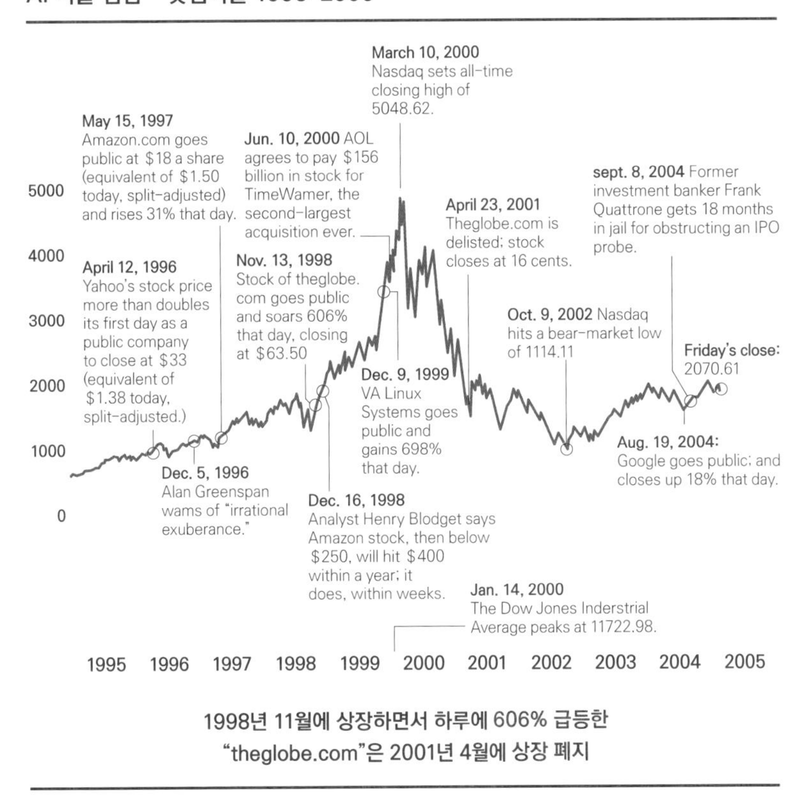

1998년 11월에 상장하면서 하루에 606% 급등한
"theglobe.com"은 2001년 4월에 상장 폐지

출처: WSJ, 체슬리투자 자문

닷컴 버블이 붕괴될 때처럼, 앞으로 1~2년 사이에 AI 쪽에서 그런 조짐이 나올까? 아니면 석유업체에서 나올까? 그런데 요즘 석유 기업들은 돈 잘 벌더라구요. 그래서 저는 가까운 시일내에 실업률이 급등할 만한 조짐이 없다고 생각합니다.

나스닥의 버블붕괴 가능성에 대한 이야기가 많이 나오는데, 우리가 차트를 볼 때 그냥 차트만 보시면 안 되고 항상 로그 차트를 보셔야 돼요. 로그 차트를 보셔야 과거의 주가 상승률이 얼마나 더 가팔랐는지 알 수 있습니다. 지금 보시면 최근에 나스닥이 되게 많이 올라온 것 같은데 지금은 2021년 고점을 살짝 넘었죠? 이런 상황이기 때문에 그전에 나스닥 랠리가 있었던 2014~2016년이라든지, 아니면 2017, 2018년이라든지, 가장 최근 코로나 이후의 상승과 비교해도 이 정도는 양호하다고 할 수 있습니다.

양호한지 아닌지를 알 수 있는 것이 아래 나스닥 월봉 차트의 제일 위에 파란색 박스로 표시를 해 둔 RSI(상대강도지수)의 과열 신호입니다.

2011~2024년 나스닥 지수

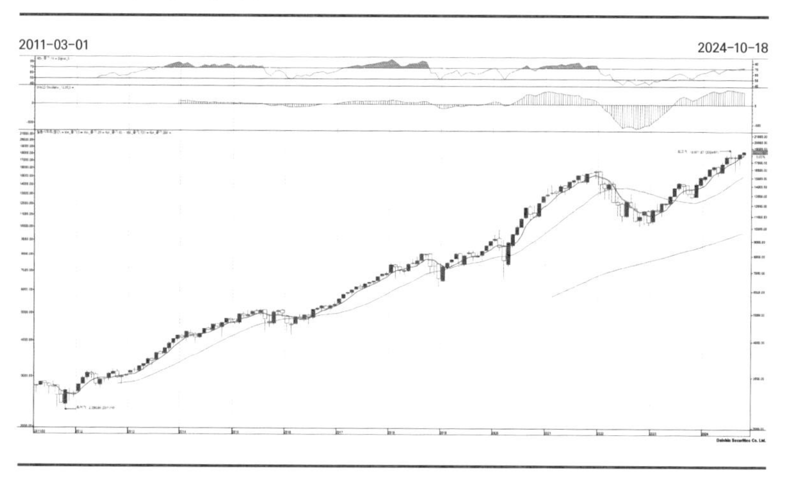

출처 : 대신증권

위 차트를 보면 RSI의 과열 신호를 보면 올해 9월까지는 발생도 안 했어요. 발생도 안 했기 때문에 이제야 진짜 무너진다고 보기에는 거품이 없다는 거죠. 거품이 없으면 떨어질 때도 많이 안 떨어집니다.

미연준의 금리인하 이후에 하드랜딩이 있었던 케이스를 찾아보면 두 번 있습니다. 2001년과 2008년인데요. 2008년 금융위기가 오기 바로 직전, 2007년도에 첫 금리인하가 있었죠. 2007년 10월 말 나스닥 상투가 나왔던 시점에 우리나라에는 펀드 열풍이 불어서 많은 투자자들이 주식 투자를 하고 주식형 펀드에 가입했었죠. 당시 첫 금리인하가 2007년 9월18일에 단행되었는데, 2024년 이번 첫 금리인하 날짜랑 똑같아요.

2008년-미연준 금리인하 이후 하드랜딩

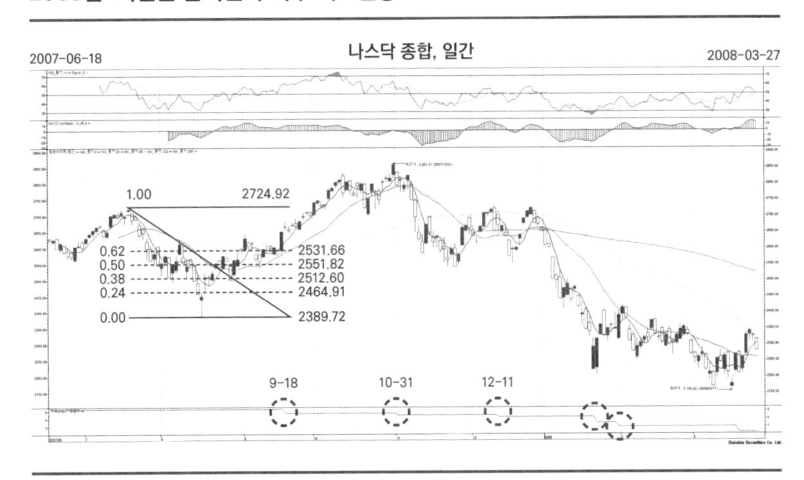

- 2007년 9월 18일 0.5% 금리인하 앞두고 7월 19일 고점 대비 8월 16일까지 -12.3% 급락
- 10월 31일 0.25%, 12월 11일 0.25% 추가 금리인하. 기준금리 4.25% **출처 : 대신증권**

2008년 글로벌 금융위기 증시 폭락 현황

국가 및 지수명	2007년 최고점	2008년 최저점	하락률
미국 S&P500	1,576포인트	667포인트	-58%
미국 나스닥	2,862포인트	1,295포인트	-55%
한국 코스피	2,085포인트	892포인트	-57%
한국 코스닥	841포인트	245포인트	-71%
중국 상하이종합	6,124포인트	1,665포인트	-73%
홍콩 홍콩H	20,609포인트	4,919포인트	-76%
유럽 유로스톡스50	4,573포인트	2,128포인트	-53%
일본 니케이25	18,300포인트	6,995포인트	-62%
러시아 RTS	2,498포인트	493포인트	-80%

- 최저점은 2008년 10월 기준. 미국 S&P 최저점은 2009년 3월, 러시아 RTI 최저점은 2009년 1월 기준.

출처 : NEWSPIM

2007년이랑 2024년이랑 매우 비슷한 것이 똑같은 날짜에 똑같이 0.5% 금리인하를 했거든요. 그런데 금리인하를 하기 전에 지금 앞 차트의 제일 밑에 얇게 보이는 데다 제가 동그라미를 쳐놨죠? 저게 연준의 정책금리가 하향 조정됐을 때입니다. 차트를 보면 2007년에도 정책금리가 하향 조정됐던 9월 18일 두 달 전에 미리 빠졌어요. 2024년에도 7월 말부터 미리 확 빠졌잖아요. 그러고 나서 금리인하를 했더니 올라가잖아요. 지금도 올라가잖아요. 그래서 처음에 50bp 인하를 해주니까 와, 하고 환호하면서 주가가 올라갑니다. 그리고 두 번째 금리인하를 했더니 저 때는 또 빠지잖아요. 세 번째 금리인하를 할 때는 전 고점 대비해서 낙폭의 50% 정도도 회복하지 못하다가 다시 무너지죠.

세 번째 금리인하를 할 때가 2007년 12월인데, 그때 이미 베어스턴스 주주들은 사장에게 사임하라는 요구를 합니다. 왜냐하면 당시 베어스턴스, 골드만삭스, 모건스탠리, JP모건이 대규모 적자를 발표했거든요. 투자은행, 소매은행 할 것 없이 대규모 충당금을 쌓는데 그게 바로 서브프라임 모기지 관련 금융상품에 대해 충당금을 쌓았던 거죠.

저는 매번 미국 투자은행IB(Investment Bank)들의 실적을 체크하거든요. 이번 2024년에는 투자은행들 분위기가 2007년이랑 많이 달라요. 최근에 JP모건이 신고가를 기록했잖아요. 미국 투자은행들 실적이 아주 좋아요. 위기가 오는지 안 오는지에 대해서는 인베스트먼트 뱅크IB(주로 자금을 필요로 하는 기업들과 투자주체를 연결시켜주는 역할을 하는 회사로 기업들이 자금을 조달하기 위해 증권을 발행할 때 중개 역할을 한다), 즉 투자은행이 제일 먼저 알아요. 소매금융하고는 다릅니다. 실적 발표에서 이런 투자은행들이 이번에 이런 위험이 있기 때문에 저희가 충당금을 좀 많이 쌓았습니다 하면서 신호를 주면, 그때 주식을 줄여도 늦지 않다고 말씀드리고 싶습니다.

이제 환율인데요, 아래 차트를 보시면 2008년 금융위기 때 환율이 급등했고, 2022년 하반기에는 심각한 경기침체가 오지도 않았는데 연준의 고금리 정책 때문에 1444원까지 급등하였었죠. 최근 미국 대선 전까지도 고환율이 지속되는 모습을 보였는데, 이는 '경제위기' 가능성에 대한 위험신호라고 보기보다는 한국과 미국과의 금리차와 향후 두 국가 간의 경제성장률 전망에 의한 '고환율 현상'이라고 보는 것이 바람직합니다.

1998~2024년 원/달러 환율

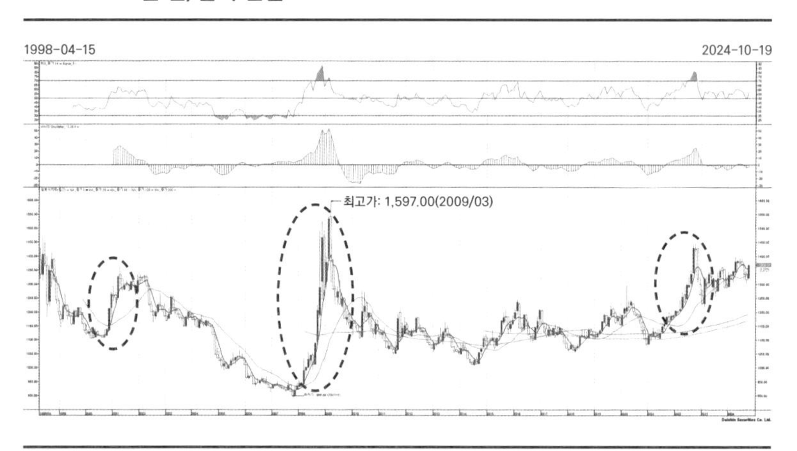

- 하드랜딩(심각한 경기 침체)이 오면 원/달러 환율은 항상 급등한다.
- 원달러 환율 1300원 이상에서 주식을 사면 한번도 실패한 적이 없다.

출처 : 대신증권

향후 달러 강세 현상이 꺾이게 되면, 즉 원 달러 환율이 떨어질 때는 주식과 같은 위험자산이 올라가게 되어 있고 그러면 우리나라 KOSPI 뿐만 아니라 원자재나 가상화폐와 같은 위험자산의 가격도 올라가기 시작합니다.

그러면 과연 환율은 떨어질까요? 환율 역시 금리에 가장 큰 영향을 받습니다. 아래의 10년물 국채금리 차트를 보면 지난 9월 연준의 정책금리 인하에 앞서서 10년 국채금리는 미리 빠졌어요. 아래 차트 하단에 보면 연준의 정책금리 추이가 나오는데 연준이 첫 금리인하를 한 시점에 빨간색 화살표로 표시를 해두었습니다. 2019년 7월과 2024년 9월에 FED의 첫 금리인하가 있었죠. 2019년 처음 금리인하를 했던 시점을 보면 그때도 10년물 국채금리는 1년 전에 상투가 나오고 첫 금리인하 전까지 스멀스멀 미리 빠집니다.

10년물 국채금리

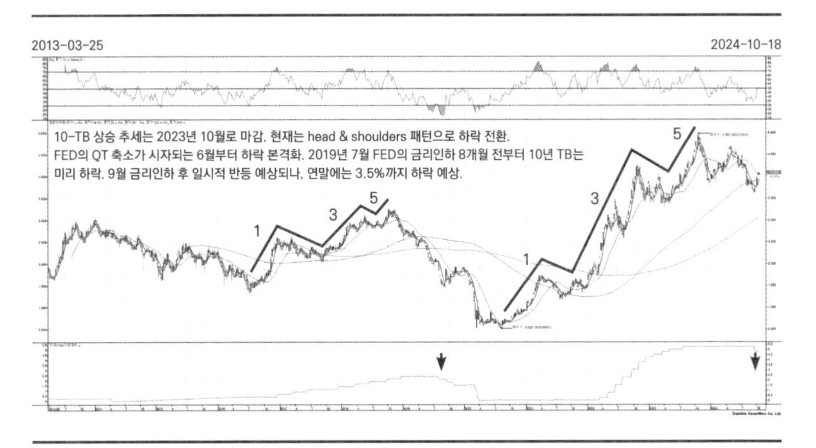

- 2020년 하반기부터 시작된 금리 상승기 1-3-5파 상승이 끝나고 a-b-c 하락파동 시작.
- 2016~2018년에도 1-3-5파 금리 상승 후 2019년 금리동결 구간에서 하락추세 시작.

출처 : 대신증권

이번에도 보시면 2023년 10월에 10년물 국채금리가 5%를 찍었어요. 지금 거의 1년 되어가잖아요. 그러면서 헤드 앤 숄더Head & Shoulders 패턴이 나오고 지금 오른쪽 어깨가 만들어지고 있어요. 저 그림이 아까 봤던 1982년도 10년물 국채금리 차트랑 매우 비슷한 모양인데요. 그때는 오른쪽 어깨가 완성되고 난 직후 금리가 급락하는 순간부터 주가가 위로 튀었거든요. 그래서 저는 2024년 대선 이후에도 금리가 비슷하게 떨어지면서 주식뿐 아니라 비트코인도 연말부터 랠리가 시작되지 않을까 하는 생각을 하고 있습니다.

그럼 왜 최근에 외국인들은 8조나 팔았을까요? 그동안 삼성전자, 하이닉스를 많이 샀던 외국인들이 최근에 주식을 판 거는 뭔가 리세션이 오는 걸 대비해서 파는 거 아닌가요?

맞습니다. 아래 표는 2024년 9월 발간된 뱅크오브아메리카의 '글로벌 펀드매니저 서베이' 자료에서 가져온 표입니다.

글로벌 펀드매니저 서베이 2024.9 – 경기방어주 상대 비중

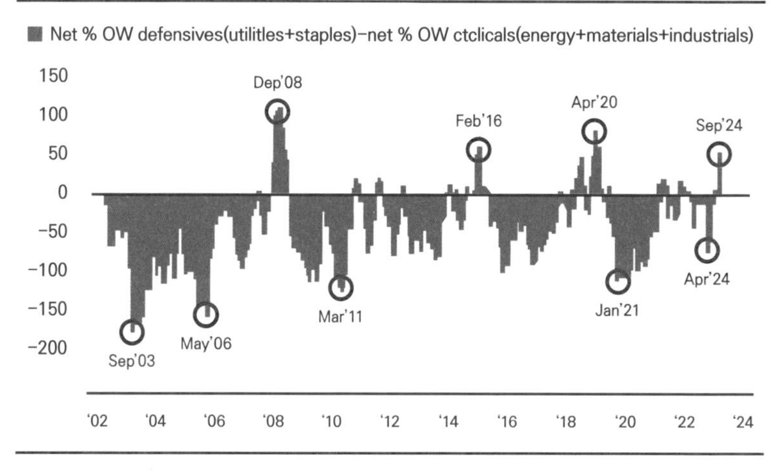

– 경기방어 업종(유틸리티와 음식료)에 대한 투자 비중은 2020년 5월 이후 최대 수준.

출처: 뱅크오브아메리카

위 자료는 글로벌 펀드매니저 300명에게 지금 경기방어주defensive에 대한 포지션이 경기민감주Cyclical에 대비해서 어느 정도인가라고 물어보는 건데, 위 표를 보면 방어주에 대한 비중이 가장 높을 때가 2008년 12월이었어요. 즉, 펀드매니저들도 시장 최바닥에서 방어주 비중이 제일 높아져 있다는 것을 알 수 있어요. 그리고 2016년 2월에는 유가가 급락하고, 홍콩 증시도 폭락하면서 홍콩지수를 기초자산으로 한 ELS가 낙인Knock in(손실확정) 구간으로 들어가는 등 중국발 위기가 한창 고조되었을 때였죠.

이때도 정확히 2016년 2월부터 주가가 바닥을 치고 올라갔었죠. 그리고 2020년 4월에도 방어주 비중이 높았죠? 그때는 코로나19 발발로 인해 글로벌 증시가 3월에 폭락을 하고 4월부터 본격적으로 주가가 상승할 때예요. 당시 주가 급등 현상을 보고 경제전문가들은 아니, 메인스트릿(실물경기)이 박살났는데 왜 월스트릿(주가)만 올라가지? 하면서 의아해했어요. 이처럼 과거에도 펀드매니저들이 방어주 비중을 대폭 늘리고 나면 주가는 어김없이 올라갔어요.

최근 2024년 9월 비중을 보면 예전에 주식시장이 바닥을 쳤던 레벨 수준까지 올라왔어요. 그래서 이 자료가 암시하는 바는 글로벌 펀드들이 지난 7~9월에 반도체를 포함한 경기민감주를 많이 팔고, 유틸리티나 필수 소비재와 같은 방어주로 이미 수비 태세를 취했다는 거예요.

대선이 끝나고 기업과 개인의 소비가 다시 꿈틀대기 시작하면 주가는 또 위로 움직일 겁니다. 그러면 펀드매니저들은 이제 주가가 다시 올라가는 거야? 그럼, 위험자산 비중을 다시 높여야 되나? 하면서 펀드의 방어적 포지션이 다시 공격 포지션으로 바뀝니다.

글로벌 펀드 매니저 서베이 2024.9 – 원자재 비중

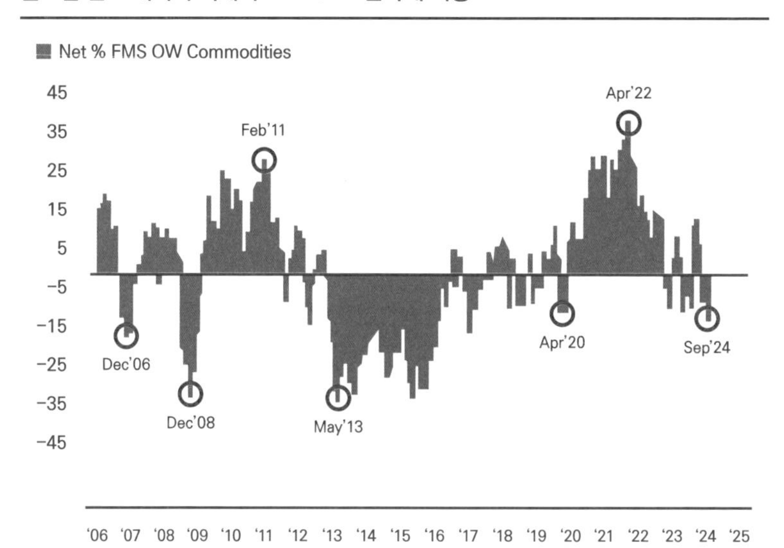

- 펀드 내 원자재에 대한 투자 비중도 최근 7년 내 최소 수준으로 떨어짐.

출처: 뱅크오브아메리카

원자재 투자 비중은 펀드매니저들의 위험자산에 대한 자산배분asset allocation의 수준을 보여주는데 원자재에 대한 투자 비중이 코로나 발발 직후보다 더 낮은 수준이죠. 그 정도로 경기를 안 좋게 보면서 향후 경기침체를 대비하고 있다는 거죠.

그런데 가만히 생각해보면 모든 하드랜딩은 대비가 안 되어 있을 때 나왔어요. 2008년 서브프라임 때도 아니, 서브프라임 그게 뭔데? 하면서 무너졌고, 코로나 때도 아니 왜 독감 바이러스로 이렇게 호들갑이야? 하다가 무너졌잖아요. 지금도 '내년 경기침체를 대비해야 된다'라는 얘기가 시장에서 거의 7대 3 정도로 더 많아요.

그래서 저는 이렇게 이미 시장 참가자들의 대다수가 주가 하락을 대비하고 있기 때문에 마일드한 리세션 정도는 '주식시장이 충분히 견딜 것'이라고 말씀드립니다.

지난 한달 '업종별 포지션 변화', 이 자료도 아주 재미있습니다. 아래 첫번째 표가 2024년 8월이고요, 두번째 표가 2024년 9월 서베이 자료입니다. 8월 서베이 자료를 보면, 7월부터 8월까지 펀드매니저들이 어떻게 업종 포지션을 변화시켰는지 알 수 있어요. 가장 많이 포지션을 늘린 것이 오른쪽 제일 위 긴 파란색 막대기로 표시된 채권bonds이에요.

그리고, 두 번째가 현금이에요. 채권과 현금의 비중을 저렇게 늘리기 위해서 제일 밑에 빨간 걸 뭘 많이 줄였나 봤더니 주식, 일본, 유로존, 소재, 텔레콤, 기술주 비중을 줄였더라고요.

글로벌 펀드 매니저 서베이 2024.9 -업종별 포지션 변화율

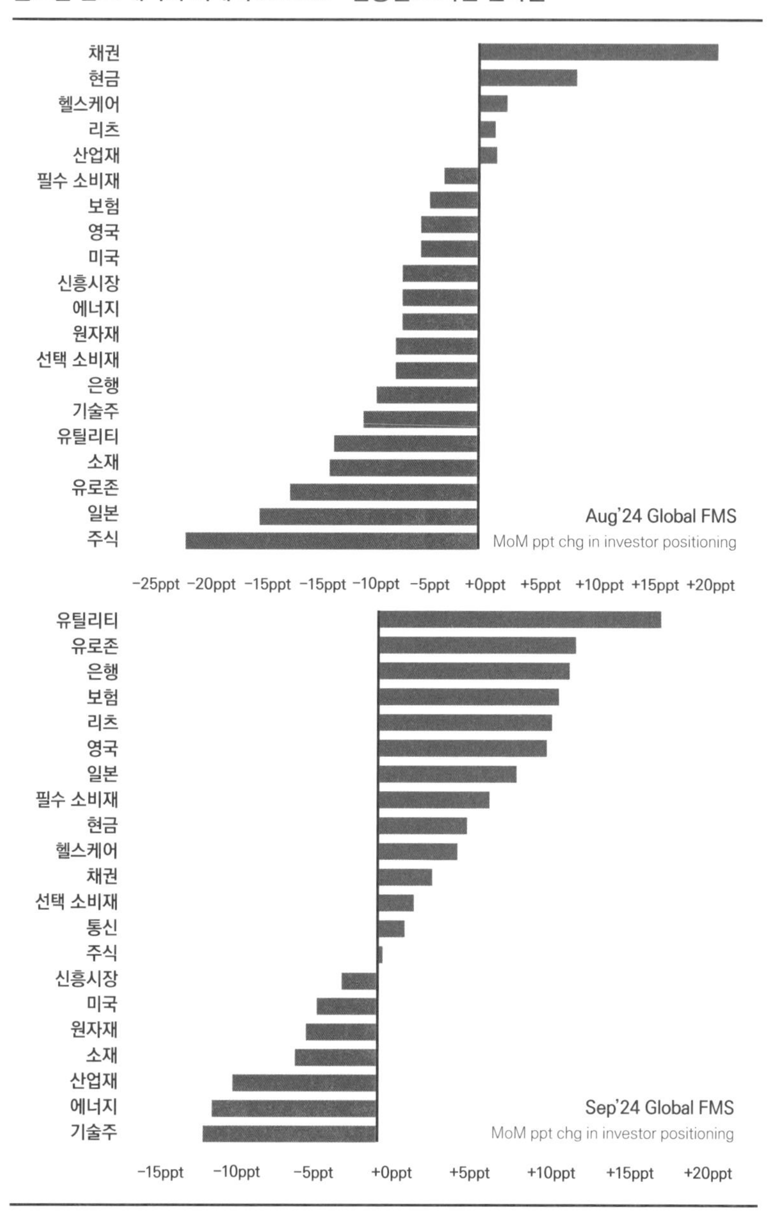

출처: 뱅크오브아메리카

위 9월 서베이 자료를 보면 재미난 게 있는데 9월에도 기술주, 산업재, 소재는 줄이고 여전히 유틸리티를 많이 삽니다. 기술주 축소의 이유는 아마 모건스탠리의 '반도체 겨울이 보인다. Winter looms' 라는 반도체 매도SELL 보고서 영향이라 봅니다.

유틸리티는 일반적으로 말하면 전통적인 방어섹터인데, 최근에는 AI 데이터센터의 '전력난'이 뜨거운 감자가 되면서 'AI 관련 성장주'로 부각되어 비중 확대가 이루어진 것으로 보입니다. 그리고 표를 자세히 보면 8월과 달리 9월에는 소폭이나마 주식Equity 비중을 늘렸다는 걸 알 수 있습니다.

아래 서베이 자료는 통화정책이 너무 제약적이라고 응답한 비율인데요. 2024년 9월 수치가 지난 2008년 금융위기 당시 가장 공포스러웠던 10월과 닷컴버블이 붕괴되었던 2001년 4월과 비슷한 수치만큼이나 올라가 있는 걸 알 수가 있습니다.

글로벌 펀드 매니저 서베이 2024.9 – 통화정책

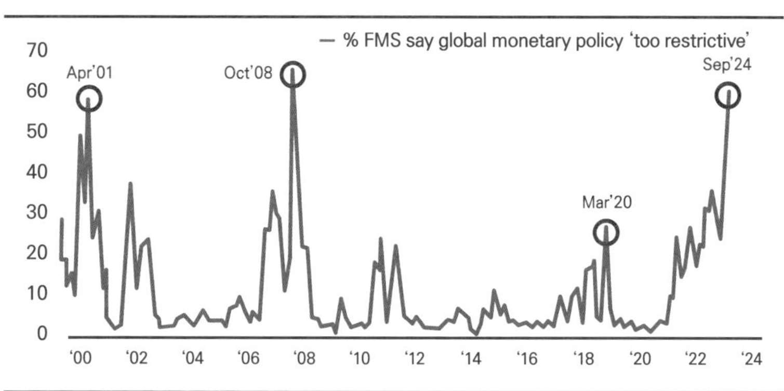

- 통화정책이 너무 제약적이라는 응답이 2008년 10월 수준에 근접. **출처: 뱅크오브아메리카**

제가 이런 자료들을 쭉 보면서 내린 결론은 내년 대통령 1년 차인 2025년까지는 여전히 상승 추세는 남아 있다는 것입니다. 제가 제일 좋아하는 격언이 "강세장은 비관 속에서 탄생해서 회의 속에서 자라며, 낙관 속에서 성숙해서 행복 속에서 죽는다." 라는 존 템플턴 경의 말씀입니다.

2001~2024년까지 나스닥 주가

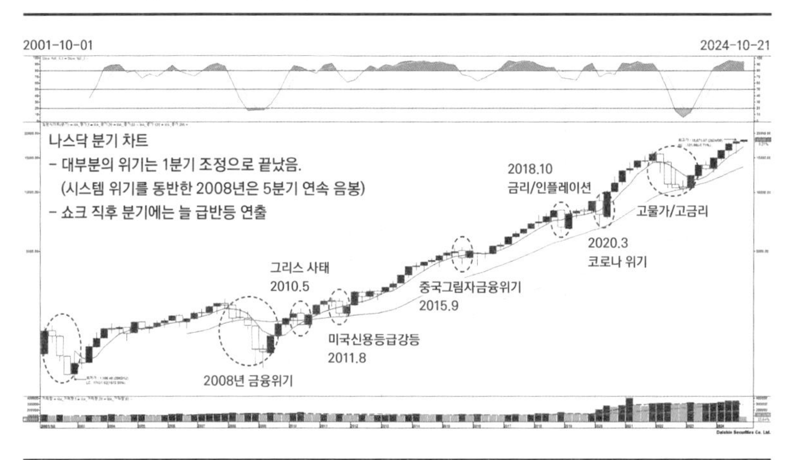

- 강세장은 (2022년 10월) 비관 속에서 탄생하고, (2023~2024년) 회의 속에서 자라며, (2025년) 낙관 속에서 성숙하여, (2026년) 행복 속에서 죽는다. - 존 템플턴 - **출처: 대신증권**

저는 이번 강세장의 탄생은 비관론이 극에 달했던 2022년 10월이라고 봅니다. 그때 우리나라는 레고랜드 사태까지 터지며 제2의 금융위기 얘기까지 나왔었죠. 그 이후 2023년 3월에는 '미국 지방은행 사태', 10월에는 '중동분쟁' 등이 터지면서 끊임

없이 주식시장에 대한 회의적인 얘기들이 오고갔었고요. 이렇게 비관적인 얘기들이 시장에서 계속 거론될 때가 오히려 위험하지 않아요. 저는 주식투자자가 정말 조심해야 하는 상황은 2021년처럼 약세론자가 말을 못 꺼내는 상황, 비관론자가 방송 나오기 너무 민망한 상황, 그런 낙관 속에서 모두가 이제 주식으로 경제적 자유를 이룰 수 있다고 믿으면서 비싼 주식을 겁없이 살 때라고 봅니다. 이런 국면이 바로 낙관 속에서 성숙해서 행복 속에서 죽는 과정에 해당하죠.

그래서 저는 내년까지는 경기침체나 하드랜딩에 관한 신중론이 시장에서 계속 거론되는 것이 건전한 상승국면이라고 봐요. 반면, 2026년 초가 되면 엄청난 기업실적에 모두 행복하면서 '수퍼 사이클 진입', '뉴 패러다임'과 같은 성장스토리가 방송에서 난무할 때는 조심해야 된다고 생각합니다. 이것이 대선 이후 앞으로 2년 동안 주식시장에 대한 저의 전망입니다.

7장

트럼프 2.0 시대의 유망 주식

그럼, 미국 대선 이후 어떤 주식이 투자 유망한가 궁금하실 텐데요. 저는 우리나라 기업 중 글로벌 탑티어Top tier에 있는데, 주가가 30~50% 이상 빠진 주식을 좋아합니다. 저는 우리나라 기업 중에 확고한 글로벌 탑티어 지위를 유지하고 있다고 생각되는 회사는 '하이브', 'JYP', '에스엠' 입니다. 방탄소년단BTS은 그동안 군대 갔다가 이제는 한두 명씩 전역을 하고 2025년 6월이 지나면 다시 완전체로 모입니다.

위 하이브 주봉차트를 보면 파란색 박스로 되어 있는 부분이 있는데, 2022년과 2024년 짝수 해 주가를 표시해 놓은 거예요. 보시는 바와 같이 짝수 해에는 엔터회사 주가가 저렇게 큰 폭으로 하락해요. 한번 생각해 보세요. 엔터테인먼트 산업의 가장 위

하이브 주가(2020.10-2024.10)

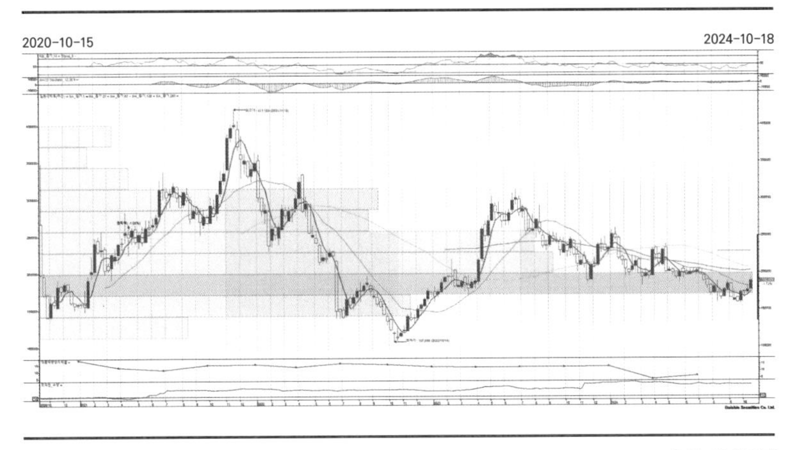

출처: 대신증권

협적인 경쟁자는 무엇일까요? 엔터 산업에서 매출은 콘서트 수입이나 음원, 음반 판매 수입이에요. 이것은 우리의 눈과 귀를 빼앗기는 시간과 비례해요.

그런데 이런 아이돌 콘서트나 공연이 뜸해지는 시기가 언제냐 하면 바로 선거기간이에요. 올해는 슈퍼 선거의 해라고 하잖아요. 우리나라 4월 총선뿐 아니라 대만 총통 선거, 인도 총리 선거, 러시아 대통령 선거, 그리고 올해 하반기 내내 전 세계인의 관심을 모은 미국 대통령 선거까지. 올해 내내 선거가 화젯거리였어요.

설상가상으로 올해와 같이 미국 대선이 있는 해는 세계인의 스포츠 축제인 하계 올림픽이 있어요. 올림픽이 열리면 육상 좋아하는 분들은 100m, 200m, 남녀 계주 등 경기는 꼭 봐야 되고, 테니스 좋아하는 분들은 남자, 여자 테니스 결승전 꼭 봐야 되고, 앞으로 우리는 사격 무조건 보겠죠? 다음에 김예지 선수가 금메달을 따는지 지켜봐야 되니까요. 그래서 스포츠와 미국 대통령 선거가 있는 이 짝수 해에 대부분 엔터테인먼트 주가는 안 좋았어요. 올해도 역시나 엔터 3사 모두 실적이 부진했고요. 저는 올해가 워낙 안 좋았기 때문에 내년에는 좀 의미 있는 실적 턴어라운드가 가능하지 않을까 생각합니다.

바이오 – 나스닥 생명공학 지수

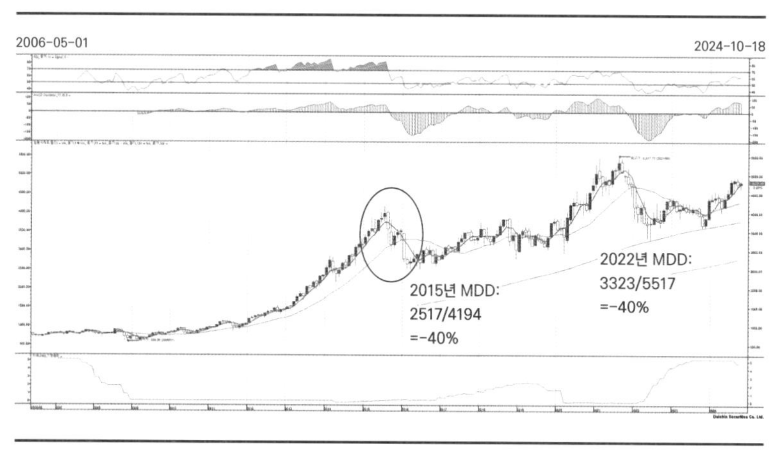

– 금리를 내리면 바이오 장세가 시작된다

출처: 대신증권

그리고 미국시장에서 2025년 유망 업종으로는 저는 바이오를 좋게 봅니다. 헬스케어나 메디케어 산업은 누가 대통령이 되든 키울 수밖에 없습니다.

위 나스닥 생명공학지수의 월봉 차트를 보면 연준이 정책금리를 대폭 낮췄던 2008년 금융위기 이후 7년 동안 지수가 가파르게 올라가죠. 저때가 2008년, 2010년, 2012년 세 차례에 걸쳐 양적완화를 했을 때입니다.

그런데 2015년도에 보면 MDD Maximum Draw Down(최대 낙폭)가 고점 대비해서 거의 -40%가 나올 정도로 확 빠져요. 7월, 8월, 9월에 저렇게 확 빠지는데, 그 이유는 2015년 12월부터 연준이 금리인상을 했기 때문이에요. 그 정도로 바이오는 금리에 민감합니다. 또 금리를 저렇게 확 낮춰줬던 때가 코로나 때였잖아요. 오른쪽 파란색 점선 박스가 코로나 때 제로금리로 내렸을 때입니다. 그때 우리나라 증시에서는 BBIG7, 즉, 바이오, 배터리, 인터넷, 게임, 그렇게 4가지 섹터 내 7개 종목이 주도주 역할을 했었죠. 그때도 바이오랠리가 있었어요.

2024년 하반기 어지러운 우리나라 시장에서 시가총액 상위 중에 제일 강한 주식은 삼성바이오로직스예요. 코스닥시장에서도 제일 강한 주식들은 코스닥 시총 1위 알테오젠을 비롯한 바이오 주식이고요. 이게 바로 금리의 힘이라고 보시면 됩니다.

여기까지 미국 대선 이후에 국내외 주식시장에 대한 전망과 개략적인 전략에 대해서 말씀드렸습니다.

토론

discussion

김광석 : 감사합니다. 간략하게 코멘트나 첨언 혹은 질문을 부탁드리겠습니다.

박정호 : 저부터 짧게 하겠습니다. 박세익 대표님의 발표를 보면서 진짜 정책이 시장에 미치는 영향은 정말 제한적이구나, 시장의 힘은 참 위대하구나 이런 생각을 다시 갖게 되는데요. 그럼에도 불구하고 이번에 미국이 전략적으로 정책적인 힘을 강하게 밀어붙이면서 어떻게든 좀 키워보려고 하는 회사가 인텔인데, 그런데 인텔이 역시 정책으로 안 되는 건지, 여전히 좀 어려워하고 분사 논의까지 온 상황인데 인텔은 어떻게 전망하시는지, 그리고 미국의 반도체 제조 역량을 우리가 어떻게 전망하면 좋을까요?

박세익 : 굉장히 좋은 질문을 해주셨는데요. 우리가 미국식 자본주의를 보면 굉장히 냉혹하다, 얄짤없다, 이런 느낌이 들잖아요.

미국의 자본가들은 계속 혁신기업을 원합니다. 그런데 기업이 혁신을 못 따라가잖아요. 그러면 미국은 모토로라? 날려버려! 하면서 그냥 죽여버립니다. 우리나라나 일본과는 조금 다르죠.

그동안 미국이 자동차 시장에서는 GM하고 포드를 계속 끌고 오기는 했지만, 전기차 시대를 맞아 어? 테슬라가 이제 전기차 시장에서 글로벌하게 대장주가 될 수 있겠네? 그럼, 테슬라! 이런 식이죠. 애플이 모토로라 죽이고 모바일 시장 대장이 됐잖아요. 애플이 원래는 핸드폰 만들던 회사가 아니잖아요. 미국은 가차없어요. 얘네들 못 쫓아오네? 그러면 죽여버립니다. 저는 이런 미국식 자본주의가 참 대단하다고 생각합니다.

어제 이런 뉴스가 있었죠. 퀄컴이 인텔을 통째로 인수할 수도 있다. 이런 얘기가 나오거든요. 그런데 이 인텔이 종합 반도체 글로벌 1등이었잖아요, 인텔이 갖고 있는 그 특허의 가치가 있다 보니까. 예전 모토로라도 분해해가지고 구글이 인수해버렸듯이, 그 특허권을 미국 외 다른 국가가 가져가게는 안 할 겁니다. 그래서 저는 미국 기업이 인텔을 인수하지 않을까 생각하기 때문에 아마 퀄컴의 인수 뉴스는 향후 현실화될 가능성이 높다고 생각합니다.

김광석 : 좋습니다. 오태민 교수님 한 말씀 부탁드립니다.

오태민 : 네 잘 들었습니다. 비트코인에 대한 월가의 수용이 올라

가면, 비트코인은 제가 10년 동안 60% 이상이 한달 안에 빠지는 걸 두어 번 겪었거든요. 느낌상 4번 정도 가본 것 같은데, 근데 그때는 비트코인하고 미국의 월가하고 완전 분리되어 있었어요. 그래서 월가에 영향을 못 미쳤죠. 그런데 만약 이렇게 ETF를 많이 갖고 가는데 비트코인 거품이 먼저 꺼져버리면 충격이 있지 않을까요?

박세익 : 저도 이 비트코인에 대해서 공부가 안 되어 있다가 오늘 교수님 말씀 듣고 많이 깨달았거든요. 시장에서 30년 동안 있다 보니까 진짜와 뻥카에 대한 기준이 있는데요. 뻥카, 소위 말하는 거품이잖아요. 거품은 절대로 2년 이상 지속되지는 않습니다. 그래서 2017~2018년 넘어가면서 비트코인 가격이 급락했을 때 '아, 그러면 그렇지 뻥카였구나'라고 생각했거든요.

그런데 이번에 7,000만 원까지 회복했을 때 얘는 뻥카가 아니구나, 그러면서 1억 원 갔잖아요. 국부론에도 나오긴 하지만, 가치가 없는 자산의 가격이 계속 올라갈 수는 없구요. 또 가치가 있는 자산의 가격이 내재가치보다 급락하면 빠르게 회복해요. 그게 시장의 가격 발견의 기능이잖아요. 그런 측면에서 저는 이 비트코인의 사용가치는 뭘까를 생각해요. 그냥 믿음으로 하는 건 아니잖아요. 그래서 아까 지하경제라든지 여러 가지 말씀을 들었고, 중국의 시진핑이 되고 나서 지금 중국 부자들이 해외로 자산도 많이 빼돌려야 되고, 여러 가지 사용가치를 제공했구나 하는 생각이 들었구요. 이런 상황을 거치면서 월가가 비트코인에 대한 가치를 인정했다고 봅니다. 그 증거가 바로 비트코인을 담은 'ETF' 등장이고요. 그리고 설사 비트코인 거품이 꺼진다 하더라도 월가에 미치는 충격은 아마 미미할 겁니다. 왜냐면 전 세계 ETF 운용 1위 회사인 '블랙록'의 운용 자산이 무려 11조 달러예요. 비트코인의 시총은 1.4조 정도 되고요. 그래서 비트코인 거품이 설사 꺼진다 해도 월가에 미치는 영향은 극히 제안적이라고 생각합니다.

김광석 : 저는 짧게 의견 드리면 지금 박세익 대표님께서 주셨던 정말 훌륭한 코멘트들, 이게 만약에 경제위기가 온다면 아무 의미가 없는 이야기예요. 그래서 저는 이렇게 말씀드리겠습니다. 많은 분들이 금리인하가 되면 경제위기 온다, 금리인하할 때마다 경제위기 오지 않았느냐, 그런 논리로 경제위기 온다는 주장을 하세요. 그런데 저는 그게 아니라는 걸 말씀드려볼게요. 아주 간단하게 질문드리겠습니다.

비가 와요. 뭘 준비하십니까? 우산을 준비하죠. 비가 오면 우산을 준비해요. 그럼 또 반대로 질문드릴게요. 우산을 준비하면 비가 옵니까?

너무 중요한 말씀을 드리는 거예요. 금리인하와 경제위기가 겹치는 건 맞아요. 그런데 선-후행 관계가 뭐냐라는 질문을 드리는 거예요. 금리인하해서 경제위기 왔습니까, 경제위기 와서 금리인하한 겁니까?

경제위기 와서 금리인하를 했던 거예요. 이 단순한 통화정책의 메커니즘을 무시하고 금리인하를 할 때마다 경제위기가 왔으니까 이번에도 "금리인하 하니까 경제위기 옵니다"라는 주장이 과연 맞는 건지? 다른 경로로 금융위기, 경제위기가 올 수도 있겠지만 금리인하를 했기 때문에 경제위기가 온다는 건 통화정책의 메커니즘을 완전히 무시한 채 우산을 준비하고 있지 않느냐, 그러니까 비가 온다, 라는 얘기가 과연 맞을지 모르겠습니다. 이 정도로 코멘트 드리겠습니다.

마지막으로 소감 말씀과 그리고 우리가 준비한 이 책을 추천하는 말씀을 부탁드리겠습니다.

박정호 : 오늘 저도 투자 관점에서 코인시장뿐만 아니라 주식시장에 대해서도 많이 배웠는데요. 사실 우리가 미국 대선이라는 이슈와 이런 것들을 같이 결부시키는 이유는 미국이라는 나라가 우리나라와 우리 개인에게 그만큼 지대한 영향을 미치고 있기 때문입니다. 따라서 저희가 다각적으로 분석하려고 노력했던 이 책이 앞으로 4년을 어떻게 전망하면 좋을지에 대한 힌트가 되었으면 하는 바람입니다.

오태민 : 저는 아주 소박한 마음으로 이 자리에 왔습니다. 미국 대선이 영향을 미치니까 크립토에 대해서도 이야기를 해야 될 것

같아서 왔는데 오늘 장시간 동안 제가 공부를 많이 했습니다. 깨달은 바가 많고요, 제 나름대로 소화를 해서 나중에 제 강연에서 녹여낼 것도 많은 것 같습니다. 이렇게 좋은 자료를 준비하시고 배불리 먹여주셔서 감사합니다.

박세익 : 주식투자는 종합 예술입니다. 정치, 사회, 경제, 역사, 심리 등 여러 가지 인문학적인 소양을 갖춰야 하는데, 이렇게 각 분야의 전문가들과 함께 토론하면서 향후 주식시장을 전망해보니까 너무 많은 인사이트를 얻고 가는 기분입니다. 특히 지정학적으로 얽혀 있는 국가 간의 갈등 관계와 이로 인해서 나타나는 여러 정치, 경제 현상에 관해 큰 깨달음을 얻은 시간이었습니다. 앞으로 오늘과 같은 4자 회동을 자주 가져야 될 것 같습니다.

김광석 : 저도 마무리 말씀을 드린다면, 저는 세 분의 발제를 들을 때마다 소름 돋는 구간이 있었어요. 같은 현상을 놓고, 예를 들어 주가가 여기서 오른다 하는 이런 현상을 놓고, 같은 현상을 달리 해석하더라구요. 그런데 이게 굉장히 중요한 접근이에요. 왜냐하면 여러분과 이런 자리를 마련하고 책을 혼자 쓰는 게 아니라 만약 트럼프가 되면, 만약 해리스가 되면, 대선 이후에 어떤 경제가 펼쳐질까에 대해 논하고자 할 때 우리가 다각도로 봐야 된다는 것을 강조하고 싶었습니다.

여기 컵이 있는데요, 제가 컵을 보여드리면 여러분은 전면만 보시죠. 그런데 과연 뒷면도 같을까요? 윗면도 같을까요? 아랫면은 같을까요?

우리가 다 못 봐요. 못 보다 보니까 잘못된 판단을 하거든요. 아마도 저도 이런 자리를 통해서 제가 미처 보지 못했던 윗면과 미처 보지 못했던 뒷면도 골고루 볼 수 있었던 시간이 됐던 것 같고요. 우리 독자 여러분께도 충분히 그런 시간이 되지 않았을까 싶습니다.

또 여러분이 책을 통해서 향후 4년의 경제가 어떤 모습이고, 나는 무엇을 준비해야 되는지, 어떻게 대응해야 될지 충분히 고민할 수 있는 시간이 되지 않으셨을까 하는 의견을 드리면서 마무리하도록 하겠습니다. 감사합니다. (일동 박수) 수고하셨습니다.

TRUMP 2.0

트럼프 2.0

트럼프의 귀환, 놓쳐서는 안 될 정책 변화와 산업 트렌드

1판 3쇄 발행 | 2024년 12월 11일

지은이 | 김광석, 박세익, 박정호, 오태민
펴낸이 | 정병철
펴낸곳 | ㈜이든하우스출판

등 록 | 2021년 5월 7일 제2021-000134호
주 소 | 서울시 마포구 양화로 133 서교타워 1201호
전 화 | 02-323-1410
팩 스 | 02-6499-1411
이메일 | eden@knomad.co.kr

ISBN | 979-11-94353-05-8 (13320)